... Títulos relacionados

IFCT0209
SISTEMAS MICROINFORMÁTICOS

[DISPONIBLE CERTIFICADO COMPLETO]

Solicítalos en:
- Librería
- www.paraninfo.es
- Solicitudes nacionales +34 914 463 350
- Solicitudes fuera de España +34 913 308 907, +34 913 308 919

Instalación y configuración de aplicaciones informáticas MF0221_2

José Venancio Talledo San Miguel

© 2024 Ediciones Paraninfo, S. A.
© 2024 José Venancio Talledo San Miguel

Maquetación: Ediciones Nobel
Impresión: Liberdigital (Casarrubuelos, Madrid)

ISBN: 978-84-283-6606-9
Depósito legal: M-11332-2024

Impreso en España

Autor

José Venancio Talledo San Miguel es profesor técnico del cuerpo de Sistemas y Aplicaciones Informáticas. Tiene dilatada experiencia en la enseñanza en ciclos formativos superiores y de grado medio, tanto en su modalidad presencial como a distancia, y actualmente ejerce su labor docente en el IES Alisal de Santander (Cantabria), dentro del departamento de Informática.

Además, ha participado en la elaboración de materiales didácticos para el Ministerio de Educación y Ciencia dentro del ciclo de Administración de Sistemas Informáticos en Red (ASIR), y ha realizado cursos de formación para el profesorado a través de los centros de profesores de Baleares y Cantabria, dirigidos tanto al profesorado en general como al específico de informática en el ámbito de Internet, sistemas operativos y programación.

Índice

Introducción normativa

La Ley Orgánica 3/2022, de 31 de marzo, de ordenación e integración de la Formación Profesional, contiene una disposición derogatoria única que afecta a la regulación de los certificados de profesionalidad, ahora denominados **Certificados Profesionales.** La referida normativa deroga la Ley Orgánica 5/2002, de 19 de junio, de las Cualificaciones y de la Formación Profesional, y abre un escenario de cambios que se irán implementando progresivamente.

La Ley Orgánica 3/2022, de 31 de marzo, de ordenación e integración de la Formación Profesional implica que toda la formación es acumulable. La oferta formativa se estructura de forma escalonada, siendo los Certificados Profesionales un nivel intermedio (Grado C) de una escala que va desde el Grado A hasta el E.

En los artículos 35 a 38 de la Ley 3/2022 se describe en qué consisten estos Certificados Profesionales: su oferta, formación asociada, estructura, duración, acceso, titulación y validez. Posteriormente, esta normativa se completa con lo dispuesto en el Real Decreto 659/2023, de 18 de julio, que desarrolla la ordenación del sistema de Formación Profesional. Concretamente en los artículos 67 a 81 es donde se hace referencia a la oferta formativa de Grado C, correspondiente a los Certificados Profesionales.

Están agrupados en 26 familias profesionales con características comunes del sector. En la actualidad hay más de medio millar de Certificados Profesionales incluidos en el Repertorio Nacional. Esta cifra no deja de crecer. Además, cada certificado está específicamente regulado por un real decreto.

Un Certificado Profesional corresponde al Grado C de la oferta del Sistema de Formación Profesional. Es un documento oficial, con validez en todo el territorio nacional y debe constar en el Catálogo Nacional de Ofertas de Formación Profesional, que certifica la capacitación para el desarrollo de una actividad profesional.

Debe detallar los módulos profesionales superados y los estándares de competencia profesional asociados a él e incluidos en el **Catálogo Nacional de Estándares de Competencias Profesionales**, así como su correspondencia con el Marco Español de Cualificaciones.

Despliegan su validez en un doble ámbito, laboral y académico:

- En el contexto laboral tienen validez profesional, porque acreditan las competencias en una determinada profesión. Para poder trabajar en algunas profesiones, se exigen determinadas cualificaciones, y los certificados sirven para acreditarlas.

- Asimismo, tienen validez académica, puesto que permiten continuar un itinerario formativo siempre que se cumplan los requisitos de acceso para cursar la titulación deseada. De tal modo que, los Certificados Profesionales que sean parte de un Grado D permitirán la matrícula modular para completar los módulos establecidos en el currículo y obtener el correspondiente título de técnico básico, técnico o técnico superior con validez en todo el territorio nacional.

Para obtener un Certificado Profesional (Grado C) es preciso cumplir con los requisitos de acceso para realizar la formación.

Estructura de los Certificados Profesionales

I. Identificación: denominación, familia y área profesional a la que pertenecen; nivel de cualificación profesional (1, 2 o 3); cualificación profesional de referencia; entorno profesional y módulos formativos que esté previsto cursar junto con la duración de cada uno de ellos.

II. Perfil profesional: incluye las competencias profesionales requeridas en el mercado laboral. En todas ellas se concretan las realizaciones profesionales y los criterios de realización.

III. Formación: describe los módulos formativos que esté previsto cursar para adquirir las competencias requeridas. En cada uno de ellos se indican las capacidades que se pretende alcanzar y la duración del módulo de prácticas no laborales —PNL—, para el que cabe solicitar exención si se cumplen determinados requisitos.

IV. Prescripciones de las personas formadoras.

V. Requisitos mínimos de espacios, instalaciones y equipamiento.

Los Certificados Profesionales se identifican con una denominación concreta y un código alfanumérico propio, y sirven para acreditar una determinada cualificación profesional. Cada certificado está asociado a una relación de unidades de competencia que, a su vez, se vinculan con una serie de módulos formativos específicos. Algunos módulos están integrados por unidades formativas y tanto unos como otras son, en ocasiones, transversales, lo que significa que se trata de contenidos incluidos en más de un Certificado Profesional.

Los Certificados Profesionales se articulan en tres niveles de competencia profesional (1, 2 y 3) conforme a lo dispuesto en el que será el Catálogo Nacional de Estándares de Competencias Profesionales, anteriormente Catálogo Nacional de Cualificaciones Profesionales (CNCP), según los criterios establecidos de conocimientos, iniciativa, autonomía y complejidad de las tareas, en cada una de las ofertas de Formación Profesional.

La oferta formativa dirigida a la obtención de los Certificados Profesionales tiene carácter modular para favorecer la acreditación parcial acumulable de la formación recibida y posibilitar así el avance en el itinerario de Formación Profesional para cualquiera que sea la situación laboral de cada persona en cada momento.

En definitiva, el Grado C constituye la oferta, parcial y acumulable, del sistema de Formación Profesional, de varios módulos profesionales del catálogo modular de Formación Profesional por razón de su significado en el mercado laboral y conducente a la obtención de un Certificado Profesional.

Las ofertas de Grado C de Formación Profesional tendrán por objeto módulos profesionales incluidos previamente en el catálogo modular de formación profesional y asociados al Catálogo Nacional de Estándares de Competencias Profesionales.

Finalidad de los Certificados Profesionales

- Contribuir a la ordenación de un Sistema de Formación Profesional al servicio de un régimen de formación y acompañamiento profesionales que sea capaz de responder con flexibilidad a los intereses, expectativas y aspiraciones de cualificación profesional de las personas a lo largo de su vida.

- Combinar escuela y empresa situando a la persona en el centro del sistema.

- Facilitar el aprendizaje permanente de toda la ciudadanía mediante una formación abierta, flexible y accesible, estructurada de forma modular, a través de la oferta formativa asociada al certificado.

- Acreditar las cualificaciones profesionales o las unidades de competencia recogidas en estas, independientemente de su vía de adquisición, bien sea a través de la vía formativa, o mediante la experiencia laboral o vías no formales de formación.

- Favorecer, tanto a nivel nacional como europeo, la transparencia del mercado de trabajo.

- Contribuir a la calidad de la oferta de Formación Profesional.

Este libro

El presente libro desarrolla el Módulo Formativo denominado Instalación y confi guración de aplicaciones informática, MF0221_2.

Dicho Módulo Formativo está asociado a la Unidad de Competencia UC0221_2, perteneciente a las Cualificaciones Profesionales de referencia IFC078_2, de nivel 2, incluida en el Certificado de Profesionalidad denominado IFCT0209. Se encuenta dentro de la familia profesional Informática y Comunicaciones.

Según el Real Decreto 686/2011, de 13 de mayo, modificado por el RD 628/2013, de 2 de agosto, los contenidos que en esta obra se recogen se correspondan con una duración de 60 horas.

Tanto la estructura como el desarrollo del libro se ajustan al citado real decreto y más concretamente a los contenidos del Modulo formatico que le da título, Instalación y configuración de aplicaciones informática, MF0221_2.

Contenidos

1. Recursos y componentes de un sistema informático.
   — Herramientas del sistema operativo para la obtención de información.
   — Recursos *Hardware:* Conflictos y recursos compartidos, DMA, E/S, Canales IRQ, Memoria, *Hardware* forzado.
   — El administrador de dispositivos.
     • Información acerca de dispositivos y recursos.
     • Configurar valores y propiedades.
     • Instalación y desinstalación de dispositivos.
     • Actualizar y ver controladores de dispositivos.
     • Impresión de informes de dispositivos instalados y/o del sistema.

2. Requisitos del sistema exigidos por las aplicaciones informáticas.
   — Fuentes de obtención.
   — Requisitos de componentes *hardware.*
   — Requisitos de sistema operativo.
   — Otros requisitos.

3. **Tipos de licencia de *software*.**
    — Tipos de programa.
        - Tipos de programas en cuanto a licencias.
        - Aplicaciones de libre uso.
        - Aplicaciones de uso temporal.
        - Aplicaciones en desarrollo (beta).
        - Aplicaciones necesarias de licencia.
        - Acuerdos corporativos de uso de aplicaciones.
        - Licencias mediante código.
        - Licencias mediante mochilas.
    — Derechos de autor y normativa vigente.
        - Derechos de Autor.
        - Patentes, Marcas y Propiedad Industrial.
        - La Ley Orgánica de Protección de Datos y Seguridad Informática.
        - La Ley de la Propiedad Intelectual.

4. **Instalación de aplicaciones informáticas.**
    — Componentes de una aplicación.
        - Formato.
        - Manual de instalación.
        - Manual de usuario.
    — Procedimientos de copia de seguridad.
    — Instalación y registro de aplicaciones.
        - Software legal e ilegal. La ley de propiedad intelectual.
            · Validación de software original.
            · Certificados de autenticidad.
        - Instalación o actualización de componentes y aplicaciones.
            · Ofimáticas.
        - Procesadores de texto.
        - Hojas de cálculo.
        - Aplicaciones de presentación de diapositivas.

- Aplicaciones de tratamiento de gráficos.
  - Otras aplicaciones y componentes.
  - Instalación desde un CD.
  - Instalación desde internet.
  - Utilización de asistentes en la instalación.
  - Archivos comprimidos.
- Activación y registro de aplicaciones.
- Desinstalación de aplicaciones.
— Configuración de aplicaciones ofimáticas más comunes.
— Procedimientos de prueba y verificación de:
  - Componentes instalados.
  - Acceso a recursos propios.
  - Acceso a recursos compartidos.

5. **Diagnóstico y resolución de averías software.**
   — Metodología para la resolución de problemas.
     - Documentación.
     - Ayuda y soporte técnico en la web.
     - Foros, blogs, comunidades, etc.
   — Programas de diagnóstico.
   — Configuración de informes de errores del sistema y de las aplicaciones.
   — Identificación de los fallos.
     - Pérdida de datos y de archivos.
     - Inestabilidad del sistema.
     - Mal funcionamiento del sistema.
     - Mal funcionamiento del equipo por cambios en la configuración del sistema o de las aplicaciones.
     - Mal funcionamiento de una aplicación.
     - El sistema operativo no se inicia.
     - Otros.
   — Procedimientos comunes de solución.
     - Copias de seguridad de archivos y carpetas.
     - Reinstalación de controladores.

- Restauración del sistema y aplicaciones.
- Deshabilitación de dispositivos *hardware*.
- Agregar o quitar programas.
- Restauración de la última configuración válida.
- Inicio del equipo en modo a prueba de errores.
- La consola de recuperación.
- Copia de seguridad.
- Restauración del sistema.
- Reinstalación del sistema operativo.
- Otros.

6. **Instalación y configuración del software antivirus.**
   — Virus informáticos.
   - Software malicioso: conceptos y definiciones.
     - Evolución.
     - Virus, gusanos, troyanos, otros.
     - Vulnerabilidades en programas y parches.
     - Tipos de ficheros que pueden infectarse.
     - Medios de propagación.
     - Virus en correos, en programas y en documentos.
     - Ocultación del software malicioso.
   - Páginas web.
   - Correo electrónico.
   - Memoria principal del ordenador.
   - Sector de arranque.
   - Ficheros con macros.
     - Efectos y síntomas de la infección.
   - Virus informáticos y sistemas operativos.
   - Actualizaciones criticas de sistemas operativos.
   - Precauciones para evitar infección.
   — Definición de software antivirus.
   — Componentes activos de los antivirus.
   - Vacuna.

- Detector.
- Eliminador.
— Características generales de los paquetes de software antivirus.
  - Protección anti-spyware.
  - Protección contra el software malicioso.
  - Protección firewall.
  - Protección contra vulnerabilidades.
  - Protección contra estafas.
  - Actualizaciones automáticas.
  - Copias de seguridad y optimización del rendimiento del ordenador.
— Instalación de software antivirus.
  - Requisitos del sistema.
  - Instalación, configuración y activación del software.
  - Creación de discos de rescate.
  - Desinstalación.
— La ventana principal.
  - Estado de las protecciones. Activación y desactivación.
  - Tipos de análisis e informes.
  - Actualización automática y manual.
    - Actualización de patrones de virus y/ o ficheros identificadores de *malware*.
  - Configuración de las protecciones. Activación y desactivación.
  - Análisis, eliminación de virus y recuperación de los datos.
  - Actualizaciones.
  - Acceso a servicios.
    - Soporte.
  - Obtención de información.
  - Otras opciones.

■ Nota del Editor

En Ediciones Paraninfo estamos comprometidos con la calidad de la formación e intentamos que nuestros materiales respondan fielmente y con rigor a las necesidades de todos cuantos confían en nuestro sello editorial.

Tratamos de dar respuesta a los currículos de las unidades formativas y de los módulos que integran los distintos Certificados Profesionales, equilibrando la parte teórica con la práctica para que los procesos de aprendizaje se conviertan en experiencias gratificantes, tanto para docentes como para las personas inmersas en los procesos formativos.

Nuestros objetivos son contribuir de forma decisiva a afianzar aprendizajes, ayudar a adquirir destrezas que tengan significado para el empleo y conseguir potenciar el desarrollo personal.

Para lograrlo contamos con excelentes autores, expertos en las materias que abordan, en la mayoría de los casos docentes de dichas especialidades con dilatada experiencia tanto profesional como académica, porque buscamos perfiles familiarizados con los contextos laborales concretos a los que se refieren nuestros manuales.

Confiamos en poder serte de ayuda y esperamos tus impresiones acerca de nuestro trabajo. Sean positivas o negativas, serán muy bien recibidas y, sin duda, nos ayudarán a seguir mejorando y trabajando con ilusión para continuar siendo un referente en formación para el empleo.

Agradecemos tu confianza en nuestros manuales. Todo nuestro equipo queda a tu total disposición. Puedes contactar con nosotros en esta dirección de correo electrónico:

info@paraninfo.es

1. Recursos y componentes de un sistema informático

Contenido

Seguramente el lector sabe qué es un sistema informático, pero, no obstante, lo repasaremos. Un sistema informático, de forma general, es un conjunto de elementos, físicos y lógicos, que interactúan entre sí con el fin de llevar a cabo la automatización de la información.

Este conjunto de elementos nos permitirá almacenar y procesar información. Al conjunto de elementos les denominamos *hardware* y *software*. El *hardware* será la parte física de los elementos y corresponde con el ordenador o con dispositivos electrónicos que contengan elementos comunes como: procesador, memoria, sistemas de almacenamiento interno y/o externo, etc. En cuanto al *software*, corresponde a la parte lógica de los elementos, constará de sistema operativo, controladores y aplicaciones informáticas.

En la figura 1.1 observamos unos ejemplos de dispositivos que cumplen con la definición de sistema informático.

Fig. 1.1.

No olvidemos que estos elementos deben tener un soporte humano como personal técnico que crea todo el entramado o producto final, personal que mantiene el sistema (por ejemplo, analistas, programadores, operadores, etc.) y, finalmente, los usuarios del sistema.

En un sistema informático no es solo el ordenador o la *tablet* el dispositivo único al que podemos denominar sistema informático. Es todo el *hardware* que interactúa. Es decir, el ordenador como tal, pero elementos *hardware* que pueden interactuar son el teclado, el monitor, el ratón, la impresora, el escáner y un largo etcétera de dispositivos físicos que podemos ir conectando. Es más, dentro del ordenador hay dispositivos que actúan como elementos *hardware*: el procesador, los bancos de memoria, el disco duro.

El usuario que utiliza un ordenador con todos los periféricos que están conectados no tiene (y no tiene por qué tenerlo) conocimientos de la arquitectura de los ordenadores y de los periféricos de E/S ni qué es la máquina de Von Neumann. Sin embargo, nosotros como expertos debemos tener conocimientos al respecto.

1.1. Herramientas del sistema operativo para la obtención de información

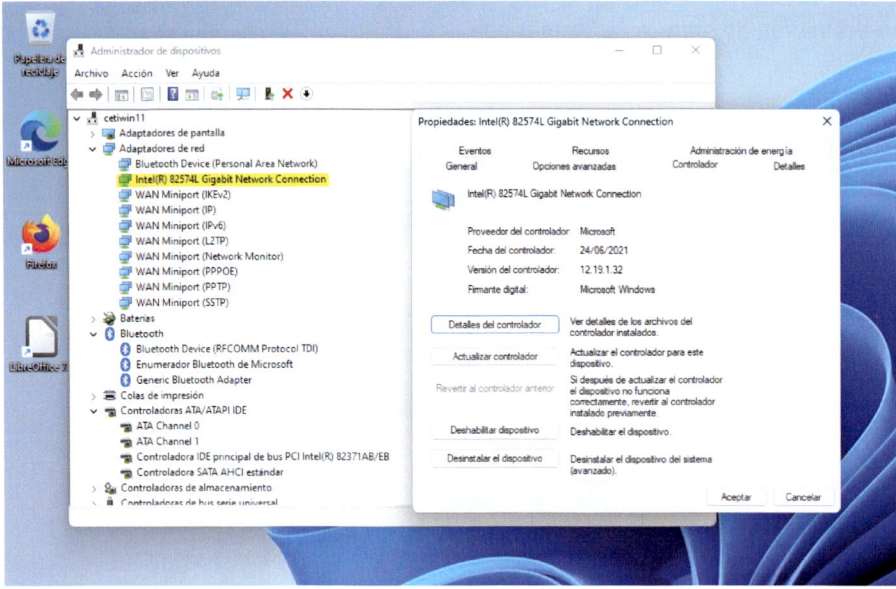

Fig. 1.2.

Los sistemas operativos, como ya sabrá el lector, son una aplicación base necesaria para interactuar con el *hardware* del ordenador o dispositivo con el que estemos trabajando.

Daremos una exposición más académica. El sistema operativo es un programa o conjunto de programas de un sistema informático cuyo cometido es gestionar los recursos de *hardware* donde está alojado y cuya misión es proveer servicios a los programas de aplicación de *software* (programas de uso común, como paquetes ofimáticos, juegos, etc.), ejecutándose en modo privilegiado o privilegio más alto con respecto de los restantes programas con el fin de preservar el buen funcionamiento del *hardware*.

Desde hace tiempo, no solo se centra en la aplicación base, sino que contiene un conjunto de programas que actúan como herramientas y utilidades que puede utilizar el usuario.

Una de esas herramientas es la obtención de información con respecto al equipo con el cual estamos trabajando.

En la figura 1.2 podemos observar, a modo de ejemplo, cómo nos muestra los dispositivos (Windows 10 y 11 —devmgmt.msc—) y como, además, podemos obtener más información seleccionando el dispositivo *hardware* y pulsando, del menú contextual (botón derecho del ratón), la opción **Propiedades**. Nos aparecerá un cuadro de diálogo con información relativa a dicho dispositivo. Como, por ejemplo: controlador que utiliza, eventos asociados al dispositivo *hardware* (en nuestro ejemplo es una interfaz de red), recursos que utiliza, etc.

En sistemas operativos Linux (p. e.: Debian 12) disponemos de múltiples herramientas con las cuales podemos obtener información del sistema. Valgan como ejemplo: Hardinfo, lshw (y lshw-gtk en su formato gráfico o de escritorio), etc.

Estas herramientas son útiles, no solo como información, sino que podemos (siempre y cuando sea posible) cambiar algunos apartados en su configuración, actualizar controladores, inhabilitar el dispositivo, etc.

1.2. Recursos *hardware*: conflictos y recursos compartidos, DMA, E/S, canales IRQ, memoria, *hardware* forzado

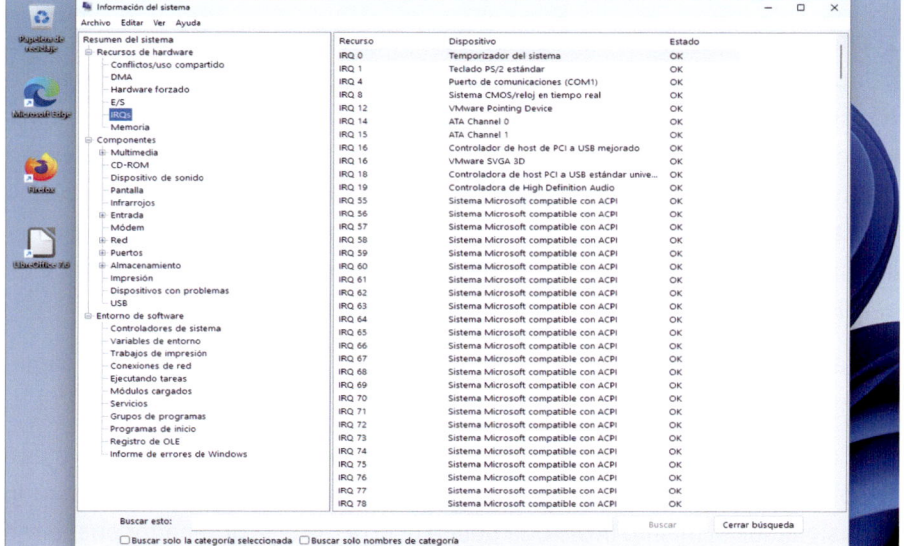

Fig. 1.3.

Como se ha dicho en el punto anterior, el sistema operativo ofrece una serie de herramientas y utilidades entre las cuales contamos con herramientas de información del *hardware*. Estas herramientas tienen como finalidad dar a conocer al usuario o personal de mantenimiento información detallada del *hardware* que gestiona indicando no solo el dispositivo, sino también los controladores *software* que se están utilizando.

Recordar que un controlador *software* o *driver* o manejador de dispositivo es un programa informático que permite al sistema operativo interaccionar con un periférico o dispositivo *hardware*, de tal manera que podrá hacer una abstracción del *hardware* y proporcionar una interfaz de cara al sistema operativo que permitirá la utilización de forma más eficaz del dispositivo.

El lector entenderá que, si no hay un controlador *software*, bien sea del fabricante o del sistema operativo, el *hardware* no podría ser utilizado.

En la figura 1.3 observamos información del sistema con respecto de los recursos *hardware*. Esta información, como la observada en la imagen, la obtendremos utilizando una herramienta de Windows 10 y 11 llamada MSINFO32.

Para lanzar el programa (cualquier programa) la forma más rápida (en Windows 10 o 11) es ejecutar el programa directamente. ¿Cómo? Pulsando la tecla Windows+R. Pulsando esta combinación de teclas nos aparecerá un cuadro de diálogo donde podremos escribir el programa que deseamos ejecutar y pulsamos el botón **Aceptar** (hay dos botones más: **Cancelar** y **Examinar** —realiza búsquedas en los dispositivos de almacenamiento masivo de nuestro equipo—).

¿Cómo funciona esta herramienta? Recopila información del sistema, tales como los dispositivos instalados o los controladores de dispositivo cargados en el equipo, y proporciona un menú para mostrar los distintos apartados relativos al sistema. Otra utilidad de esta herramienta es el poder utilizarla para diagnosticar problemas en el equipo. Como, por ejemplo, si hay un problema con la pantalla, podremos utilizarla para determinar qué adaptador de pantalla está instalado en el equipo y ver el estado de sus controladores, porque tal vez debamos cambiarlo, actualizarlo, inhabilitarlo, etc.

Ahora vamos a desglosar los distintos elementos mencionados en el subapartado:

- Conflictos y recursos compartidos: para entenderlo, pondremos un ejemplo. Tenemos una tarjeta gráfica y, por supuesto, una tarjeta de sonido asignados al mismo IRQ. ¿Qué puede ocurrir? Que el ordenador puede reiniciarse por sobrecarga (*overflow*).

- DMA (en inglés, *Direct Memory Access*): el acceso directo a memoria permite a cierto tipo de componentes de un ordenador o dispositivo acceder a la memoria del sistema para leer o escribir independientemente de la unidad central de procesamiento (CPU).

- E/S: son todos los dispositivos conectados físicamente a un ordenador y que pueden ser de entrada (E): un teclado, un escáner, un ratón son dispositivos de entrada; salida (S): una impresora, pantalla son dispositivos de salida, o de entrada/salida (E/S): los dispositivos de almacenamiento son de E/S. Todos estos componentes necesitan de un apoyo *software*, controladores *software*, que le indicará al sistema operativo cómo interactuar con cada uno de los dispositivos de E/S que estén conectados. Estos controladores pueden ser propios del sistema operativo o bien proporcionados por el fabricante del dispositivo de E/S.

- IRQ (*Interrupt Request*): una interrupción es una suspensión temporal de la ejecución de un proceso para pasar a ejecutar una subrutina de servicio de interrupción, la cual, por lo general, no forma parte del programa, sino que pertenece al sistema operativo o al BIOS. Una vez finalizada dicha subrutina, se reanuda la ejecución del programa o proceso interrumpido. Debido a que el procesador no es capaz de procesar múltiples datos al mismo tiempo (procesa un dato a la vez por cada núcleo), el sistema de multitareas es, en realidad, una alternancia de fragmentos de instrucciones de muchas tareas diferentes. Existe la posibilidad de suspender temporalmente un programa o proceso que se estaba ejecutando mediante una interrupción que dure el tiempo que lleva una rutina de servicios de interrupción. Luego, el programa interrumpido puede continuar ejecutándose.

   Un ejemplo es el siguiente: los dispositivos *hardware* periféricos de E/S, si necesitan ejecutarse, transmiten una IRQ al procesador con el fin de solicitar procesado de algún programa. Todos los dispositivos disponen de un canal prioritario para comunicarse con la CPU denominado "Número de IRQ".

- Memoria: la memoria principal es la encargada de almacenar temporalmente información relativa al sistema operativo y a los datos que maneja el ordenador. Podemos distinguir la ROM (*Read Only Memory* o memoria de solo lectura) y la RAM (memoria de lectura y escritura). No debemos confundirla con la memoria de almacenamiento masivo, porque corresponde con dispositivos de E/S como son discos duros, *pendrives*, etc.

- *Hardware* forzado: es aquel que se utiliza con una configuración no estándar. Por ejemplo, si no tenemos el controlador del monitor y utilizamos un controlador estándar del sistema operativo y le "forzamos" a que tenga una resolución excesiva para el controlador escogido.

1.3. El administrador de dispositivos

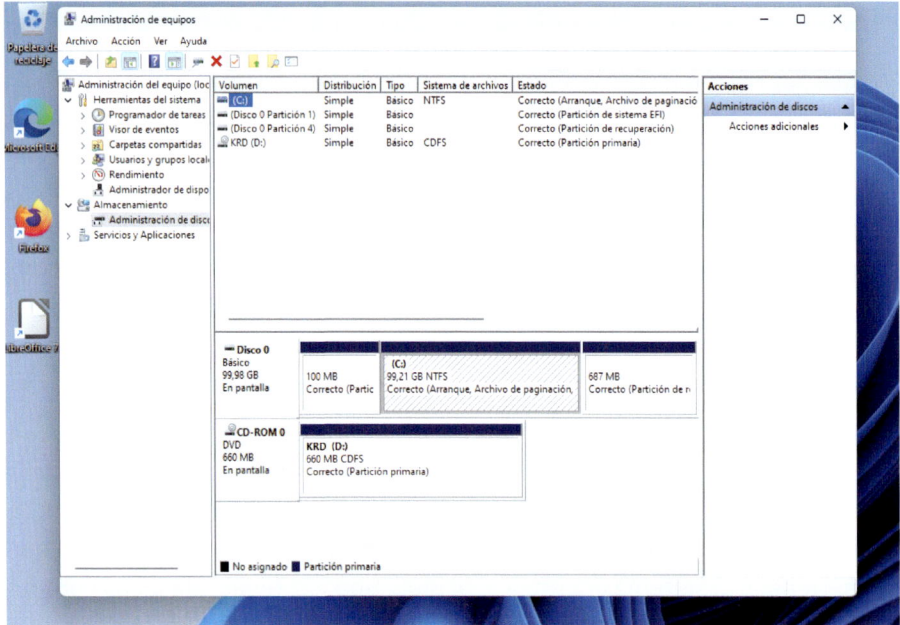

Fig. 1.4.

Una de las herramientas más recurridas es el administrador de dispositivos o de equipos. Nos permitirá observar los dispositivos de E/S conectados a nuestro equipo si hemos añadido un dispositivo nuevo, como por ejemplo, un disco nuevo, si queremos formatear, cambiar de unidad lógica de un dispositivo de E/S, etc.

En la figura 1.4 observamos todas las opciones agrupadas posibles tales como: grupo de herramientas, almacenamiento, grupo de servicios y aplicaciones.

En la imagen tenemos seleccionado, dentro de almacenamiento, la administración de discos.

Además, podremos utilizar esta herramienta para actualizar los controladores de los dispositivos instalados, así como para modificar la configuración del *hardware* y, de este modo, resolver algunos problemas.

Para acceder a esta información, lo podremos realizar accediendo de la siguiente manera: panel de control, herramientas administrativas, administración de equipos.

No nos olvidemos que los fabricantes de *hardware*, aparte de proporcionar controladores *software* o manejadores de dispositivos, suelen proporcionar herramientas de configuración del dispositivo o *hardware* que deseamos configurar. Quizás sea más aconsejable utilizar este tipo de herramientas que las proporcionadas por el sistema operativo.

1.3.1. Información acerca de dispositivos y recursos

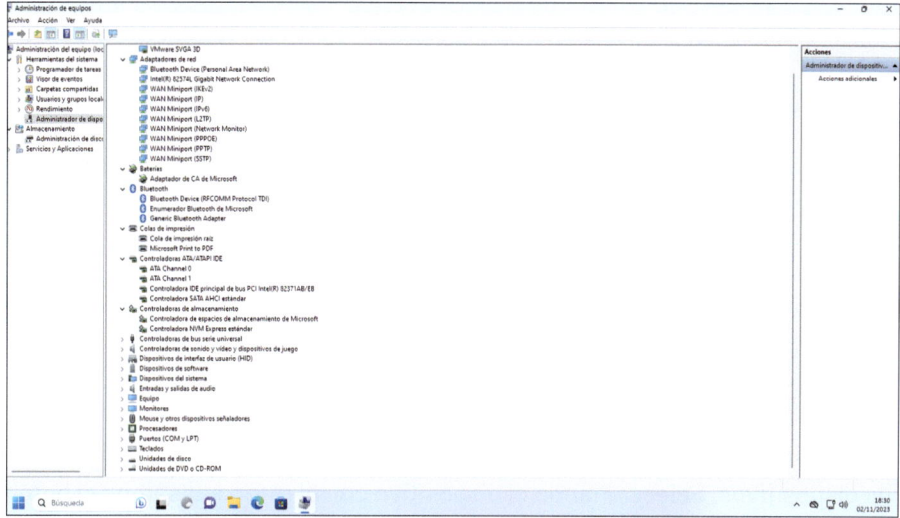

Fig. 1.5.

Para conocer la información sobre dispositivos conectados y recursos, deberemos clasificarlos en varios apartados. Por un lado, tendremos las carpetas compartidas donde aparecerán los recursos de nuestro equipo que compartimos con los demás equipos restringidos o públicos de la red a la que estemos conectados. También disponemos del administrador de dispositivos que nos proporciona información sobre los mismos y, además, podremos realizar algunas tareas sobre ellos. Y no debemos olvidar la administración de discos sobre la que podremos realizar cambios como en la letra de la unidad lógica, formatear un disco, redimensionarlo, particionarlo, etc.

En la figura 1.5 observamos todos los dispositivos conectados a nuestro equipo. No solo eso, sino que, si el lector se fija, hay un dispositivo —una impresora— que no tiene una ubicación local sino de red. Lo que se ha realizado es "virtualizar" una impresora externa y configurarla como si fuera propia. Es decir, si mandamos imprimir sobre dicha impresora, el sistema operativo contactará con el ordenador o dispositivo que tiene esa IP y "negociará" la transmisión del documento a imprimir.

1.3.2. Configurar valores y propiedades

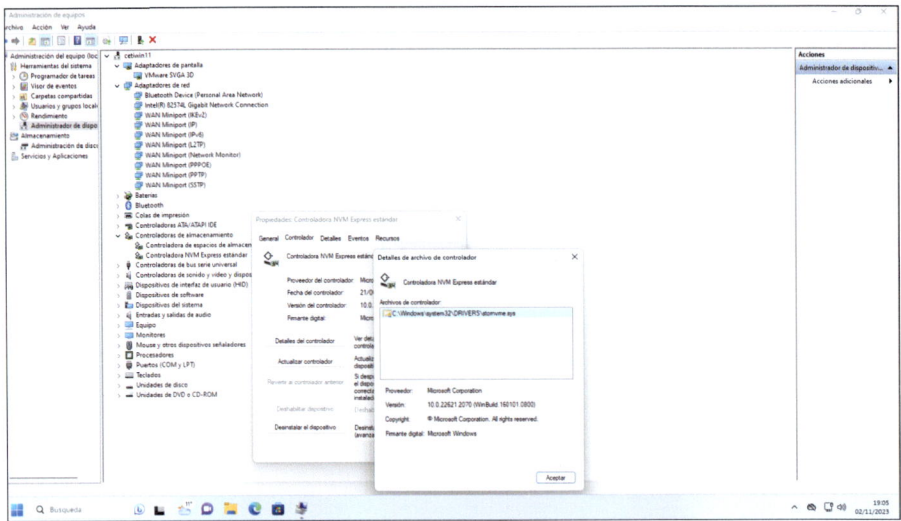

Fig. 1.6.

Ya hemos visto la figura 1.5. El lector ve que se pueden observar cada uno de los dispositivos. Seleccionando el dispositivo con el ratón, pulsamos el botón derecho, nos aparecerá un menú contextual donde podremos elegir entre actualizar *software* de controlador, desinstalar, buscar cambios de *hardware* o propiedades.

Pero mejor vamos con un ejemplo. En la figura 1.6 observamos que hemos seleccionado un dispositivo, concretamente **Controladora de espacios de almacenamiento de Microsoft**. Después de ver las propiedades que tiene un conjunto de pestañas con funciones bien diferenciadas: general (información del dispositivo), controlador (información del controlador y, además, podemos observar los detalles pormenorizados, actualizar el controlador, revertir al controlador anterior si hay un mal funcionamiento con el actualizado, deshabilitar y desinstalar), pestaña detalles (nos aparece un cuadro de diálogo con características del control tales como: descripción del dispositivo, ruta de acceso al dispositivo, identificación, nombre del archivo INF, etc.) y la pestaña eventos generados por el dispositivo.

En el ejemplo de la figura 1.6 observamos los detalles del archivo del controlador, su ubicación en el disco de almacenamiento masivo.

1.3.3. Instalación y desinstalación de dispositivos

Habitualmente, los dispositivos que conectemos serán de carácter *hardware,* como por ejemplo, una impresora. Cuando conectamos la impresora al ordenador con el cable, actualmente, vía USB, el sistema operativo detectará que se ha conectado un dispositivo al ordenador. En el caso de Windows 11 (en muchas ocasiones también en las distribuciones Linux), intentará buscar en su base de datos el controlador que se ajusta a los requerimientos del fabricante del dispositivo.

Si el dispositivo es más moderno que nuestro sistema operativo, puede darse la circunstancia de que no tengan los controladores adecuados para el dispositivo. Habitualmente, el fabricante entrega, junto con el dispositivo, un CD con documentación y controladores para el sistema operativo que estemos trabajando (en ocasiones solo vienen controladores para sistemas Windows; antes de confirmar la compra, debe asegurarse de que tiene controlador para el sistema operativo con el cual esté trabajando). En el caso de Windows, en la opción de buscar un controlador, previamente insertado el CD del fabricante, buscará tanto en el disco duro como en cualquier dispositivo de almacenamiento masivo que se encuentre conectado, buscando el controlador referencia en el archivo INF.

Actualmente, el sitio web del fabricante tiene un soporte de *software* de gestión y controladores actualizados, incluso con distintas versiones de los distintos dispositivos que ofrece en el mercado.

Esto es en cuanto a instalación. La desinstalación parece fácil. Desconectamos el dispositivo en cuestión y listo. Pues no, todos los controladores que pudieran existir en nuestro equipo relacionados con el dispositivo instalado están ahí. Pero están ahí como "basura", porque no tienen una utilidad específica. Y, es más, pueden generar problemas en el futuro al instalar un dispositivo de similares características en cuanto a interrupciones generando conflictos indeseables en nuestro equipo.

¿Qué podemos hacer? Realizar una desinstalación de los controladores de dicho dispositivo. ¿Cómo? Accediendo a la administración de dispositivos, elegimos el dispositivo, propiedades, controlador y pulsamos el botón **Desinstalar**.

Con la figura 1.6 podemos hacernos una idea de qué debemos hacer. Es aconsejable que la desinstalación se realice antes de desconectar físicamente el dispositivo.

1.3.4. Actualizar y ver controladores de dispositivos

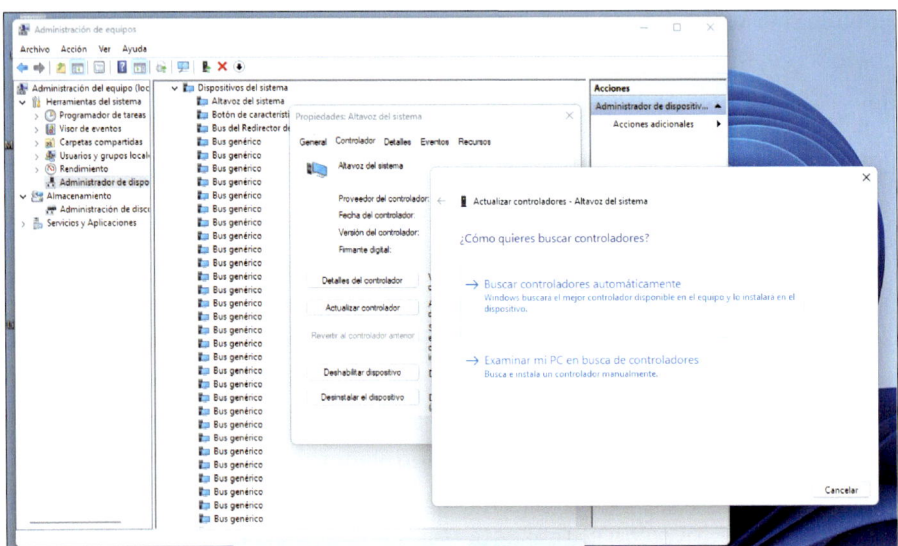

Fig. 1.7.

En el apartado 1.3.2 hemos desglosado cómo acceder a la información de un dispositivo. En la pestaña **Controlador**.

Siguiendo con un ejemplo. Ya hemos visto cómo acceder a los detalles de cada uno de los dispositivos, ya sabemos dónde está el botón de actualizar el controlador del dispositivo seleccionado. Pero ¿qué hará un sistema operativo como Windows 11, similar a la proporcionada por Windows 10, a la hora de actualizarlo?

A la hora de actualizar un controlador, dispondremos de dos opciones: buscar automáticamente un controlador más actualizado que el instalado en el propio equipo y en Internet o bien realizarlo dentro del equipo.

Una vez que encuentre los controladores (porque puede haber más de uno), deberemos seleccionar cuál es el que deseamos instalar. Debemos estar seguros qué controlador es el más adecuado. Porque, si se elige erróneamente, obtendremos un mal funcionamiento del dispositivo afectado. Si nos hemos equivocado, deberemos restituir el dispositivo al controlador anterior.

1.3.5. Impresión de informes de dispositivos instalados y/o del sistema

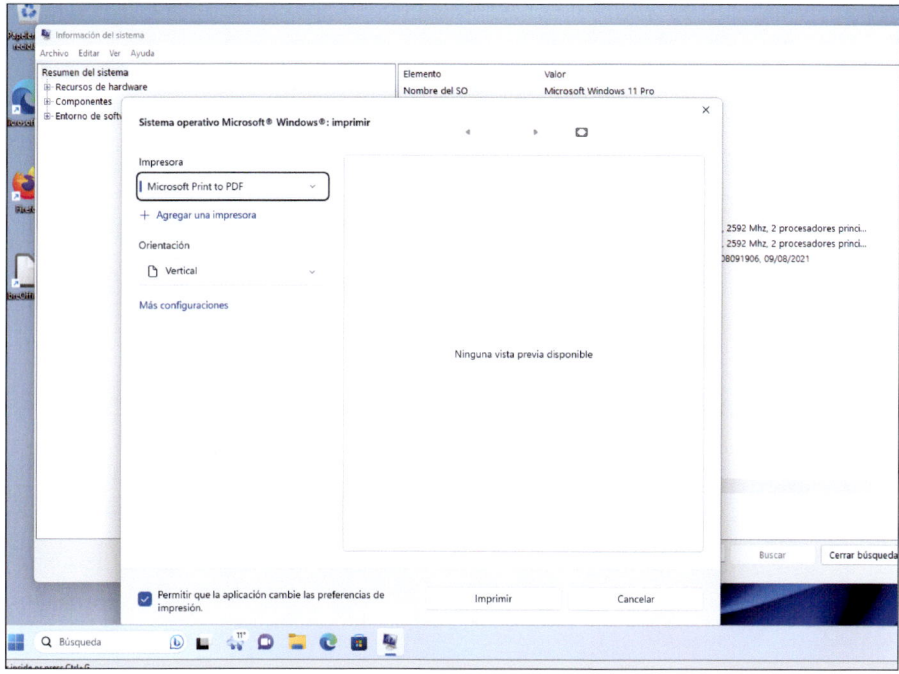

Fig. 1.8.

El **Administrador de dispositivos** permite enviar informes sobre los dispositivos a la impresora. En el caso de querer generar un informe, debemos utilizar la herramienta MSINFO32 —ver figura 1.3— (dependiendo del sistema instalado) opción **Archivo** y, posteriormente, **Imprimir** en el cuadro de diálogo **Imprimir**.

Tal como aparece en la figura 1.8, puede volcarse la impresión sobre un archivo de tipo PDF. Si se dispone de una impresora, también podrá imprimirse en papel.

Podremos realizar todos los informes que necesitemos.

Si nosotros somos miembros del personal de mantenimiento, una muy buena idea es recoger toda esta información y archivarla por equipo. ¿Por qué? Porque si debemos realizar un formateo del equipo, y, por diversas circunstancias, estamos obligados a instalar de nuevo el sistema operativo, debemos saber cuáles son los controladores adecuados para cada *hardware* conectado. A muchos dispositivos *hardware* podremos asignarles un controlador propio del sistema operativo (genérico), pero en otros casos deberemos recurrir al fabricante, bien utilizando el *software* proporcionado por el fabricante a través de un CD o bien acudir a la página oficial del fabricante y bajarnos el controlador apropiado a ese dispositivo.

ACTIVIDADES

1.1. Un ordenador es:

    a.   La torre, el teclado, el ratón y el monitor.

    b.   Los elementos funcionales: unidad central de proceso (UCP con la unidad de control y la unidad aritmética y lógica), unidad de control (UC) y la memoria principal.

    c.   Solo la torre de ordenador o portátil.

    d.   Cualquier dispositivo con un *software* base o sistema operativo.

1.2. Un dispositivo informático es:

    a.   Todos los elementos *hardware* de un dispositivo que interactúa.

    b.   Los elementos funcionales de cualquier dispositivo que soporte un sistema operativo.

    c.   La interactuación del sistema operativo con cualquier elemento *hardware*.

    d.   Ninguna respuesta anterior es correcta.

1.3. ¿Qué debe tener un equipo informático para poder utilizarlo?

    a.   Una aplicación antivirus.

    b.   Una aplicación ofimática.

    c.   Un *software* base.

    d.   Un disco duro.

1.4. ¿Qué no es un sistema operativo?

    a.   Windows.

    b.   Linux.

    c.   Mac.

    d.   Office.

1.5. Si deseamos ver la información de la configuración del sistema operativo Windows, ¿cuál es la orden para obtenerla?

    a.   MSINFO32.

    b.   Cmd.

    c.   Tasklist.

    d.   Ninguna respuesta anterior es correcta.

1.6. DMA es:

a. Acceso diferido a memoria.

b. Acción directa en memoria.

c. Acceso directo a memoria.

d. Ninguna respuesta anterior es correcta.

1.7. ¿Qué es el *hardware* forzado?

a. Usar los controladores *software* incorporados en el sistema operativo.

b. Usar los controladores *hardware* habituales.

c. Usar los controladores *software* de fábrica.

d. Usar el *hardware* mínimo.

1.8. En Windows, ¿dónde vemos los dispositivos de almacenamiento masivo?

a. No se pueden ver.

b. Con el administrador de dispositivos.

c. Con MSINFO32.

d. Ninguna respuesta anterior es correcta.

1.9. Una carpeta compartida es:

a. Un recurso.

b. Una carpeta segura.

c. Una carpeta sincronizada con un servidor.

d. Un enlace a una carpeta de otro ordenador.

1.10. ¿Podemos, en Windows, cambiar el controlador software de un elemento *hardware*?

a. Sí, a través de la herramienta MSINFO32.

b. No, se realiza a través de las herramientas del proveedor.

c. Sí, pero debemos descargar la utilidad desde el sitio web del proveedor.

d. Sí, a través del administrador de dispositivos.

1.11. ¿Puede existir actualización *software* para controladores *hardware*?

   a. No, el sistema operativo es el encargado de interactuar con el *hardware* del equipo.

   b. No, el propio dispositivo se encarga de actualizar si es necesario.

   c. Sí, pero es el dispositivo *hardware* el encargado de notificar al sistema la actualización necesaria.

   d. Sí, desde el sistema operativo podemos buscar la actualización.

1.12. ¿Podemos imprimir el informe de los dispositivos del dispositivo informático?

   a. Sí, desde el administrador de dispositivos.

   b. No, solo se puede realizar con la orden LP desde consola.

   c. Sí, desde MSINFO32.

   d. No, en ningún caso.

1.13. ¿A través de qué herramienta de Windows podemos ver las propiedades de los dispositivos?

   a. Desde el administrador de dispositivos.

   b. Desde el panel de control.

   c. Desde las herramientas administrativas.

   d. Desde el botón de inicio.

1.14. ¿Cómo podemos obtener un controlador *software* actualizado?

   a. Desde la web del sistema operativo que utilicemos.

   b. Desde la web del fabricante.

   c. Solo disponemos del aportado en CD o DVD.

   d. Se actualiza con el sistema operativo.

1.15. ¿En qué directorio o carpeta Windows guarda los controladores *software*?

   a. En la carpeta personal del usuario.

   b. En la carpeta c:\archivos de programas.

   c. En la carpeta c:\windows.

   d. En la carpeta c:\windows\system32*drivers*.

1.16. Si queremos desactivar, en Windows, un dispositivo lo podremos hacer desde…

a. El administrador de dispositivos seleccionando la opción adecuada del menú contextual.

b. Desde el panel de control.

c. Desde las herramientas administrativas.

d. Desde MSINFO32.

1.17. ¿Qué tienen en común una impresora y un teclado?

a. Es parte de un ordenador.

b. Son periféricos.

c. Son dispositivos de entrada.

d. No tienen nada en común.

1.18. La RAM es…

a. La memoria principal del ordenador.

b. El cargador del sistema operativo.

c. Un tipo de procesador.

d. La memoria de la BIOS.

1.19. Una IRQ es…

a. Un tipo de puerto del ordenador.

b. Un puerto de expansión del ordenador.

c. Una suspensión temporal de la ejecución de un proceso para atender una petición de, por ejemplo, un periférico.

d. No existe entre los componentes del ordenador.

1.20. Un controlador *software* es…

a. Un módulo del sistema operativo.

b. Un programa informático.

c. Un módulo con rutinas de acceso a un periférico.

d. Un elemento propio de un dispositivo externo.

PRÁCTICA

Se dispone de un sistema operativo Windows 11. Extraer toda la información del *hardware* del sistema.

2. Requisitos del sistema exigidos por las aplicaciones informáticas

Contenido

Cualquier aplicación informática tiene unos requisitos previos a su instalación. Un *software* genérico está construido tomando como referencia unos requisitos mínimos para que su funcionamiento sea posible. Esto no implica que, cumpliendo con los requisitos mínimos, sea eficaz ni eficiente ni sea lo más deseable. Algunos fabricantes de *software* de aplicación indican los requisitos mínimos y óptimos para su buen funcionamiento y aprovechamiento.

Los requisitos mínimos son definidos en cuanto a configuración del *hardware*, sistema operativo, versión mínima del sistema operativo, controladores, *firmwares*, librerías de *software*. Si no se cumplen estos requisitos mínimos, el fabricante no garantiza su buen funcionamiento.

Puede darse la circunstancia de que, aun no cumpliendo los requisitos mínimos de *hardware* y *software*, aparentemente se instale la aplicación y visualmente funcione. Pero no debe extrañarnos si no guarda correctamente los datos que le introducimos o su operatividad visual no es la adecuada, etc.

A modo de ejemplo, citaremos algunos de estos requisitos:

- Tipo de procesador detallando su velocidad de procesamiento.

- Tamaño de memoria RAM e incluso tipo de RAM.

- Características de la tarjeta gráfica.

- Espacio libre en un dispositivo de almacenamiento masivo (p. e.: disco duro).

- Sistema operativo, versión.

- Disposición de acceso a Internet.

- Ancho de banda de red.

- Lector de CD o de DVD.

- *Hardware* varios (impresora, escáner, etc.).

En cuanto a los requisitos recomendados están basados en los requisitos mínimos con la salvedad de que son valores algo mayores y/o alguna característica añadida. En principio, garantizará que el funcionamiento será óptimo y se podrá conseguir que la aplicación informática será fluida sin perjudicar el normal funcionamiento del resto de las aplicaciones instaladas en el equipo. En principio, será utópico, porque puede darse la circunstancia de que los cambios que necesite la aplicación afecten a otra u otras instaladas en nuestro equipo. Por lo que se recomienda, antes de su instalación, realizar un punto de restauración (si es un equipo con sistema operativo Windows en cualquiera de sus versiones) por si debemos restaurar el equipo a un estado anterior a la instalación.

Una vez conocidos cuáles son los requisitos mínimos y óptimos, deberemos comprobar que el equipo en el que vayamos a instalar la aplicación los cumple.

En el tema anterior se han indicado diversas herramientas que nos proporcionan esa información.

Una vez conocida la configuración, debemos comprobar si cumple los requisitos mínimos y óptimos. Si cumple los óptimos, podemos proceder a instalar la aplicación. Si no cumple con los requisitos óptimos, comprobamos qué faltaría agregar para cumplirlos. Si es posible, valoraremos la conveniencia o no de añadirlos, pero ya podemos realizar la instalación.

2.1. Fuentes de obtención

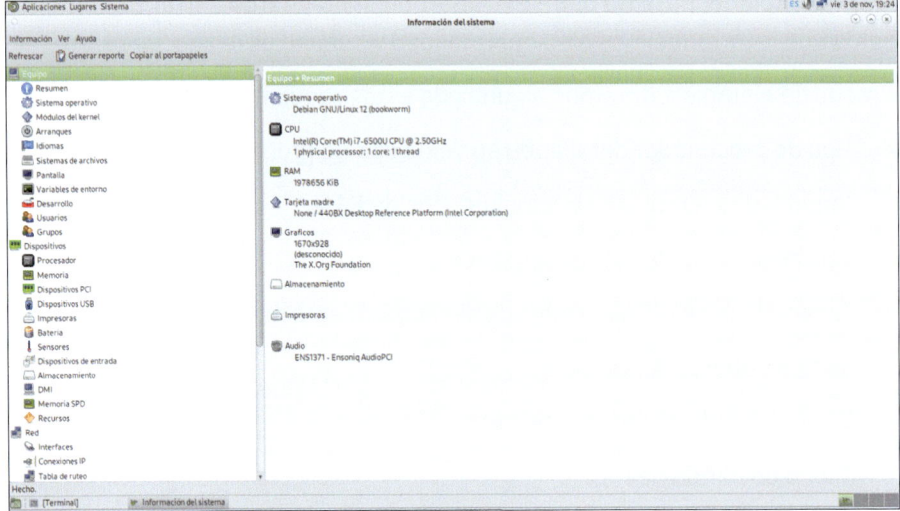

Fig. 2.1.

Las fuentes de obtención de la información relativa a los requisitos de las aplicaciones *software* son tan variadas como aplicaciones *software* de utilidad hay.

Para conocer los elementos *hardware* podemos abrir el ordenador y mirar qué componentes tiene nuestro equipo en "sus tripas". Después, haremos un inventario de todos los componentes. Comprobamos si son adecuados cotejando los componentes (nombre, identificador) e iremos, uno por uno, viendo las características.

¿Es apropiado realizar esta tarea? No, no es apropiado ni aconsejable. Para conocer los componentes *hardware,* basta con recurrir a los programas del sistema operativo para obtener información relativa al *hardware.*

Tomaremos como ejemplo la figura 2.1. Se trata de un programa, Hardinfo, del sistema operativo Linux —concretamente de la distribución Debian 12 bookworm—. Si queremos conocer las características del procesador de nuestro equipo, pulsamos el cursor del ratón sobre él y nos mostrará todas las características del procesador. El lector observará que podemos obtener características como almacenamiento, recursos, dispositivos PCI, etc. Con esta información podremos hacernos una idea muy detallada de la configuración *hardware* de nuestro equipo.

2.2. Requisitos de componentes *hardware*

El primer factor que afectará a cualquier aplicación será el *hardware* de nuestro equipo.

Ya hemos mencionado qué debe tenerse en cuenta. También que podemos utilizar las herramientas que nos proporcionan los distintos sistemas operativos para conocer con detalle cuáles son las características de nuestro equipamiento informático.

Fig. 2.2.

El lector entenderá que, dependiendo de la aplicación informática de la que se trate, esta requerirá unas características que incidirán más sobre un tipo de *hardware* que otro tipo de aplicaciones.

Pongamos ejemplos de aplicaciones para sistemas operativos de Microsoft:

Aplicación AutoCad 2023. Requerimientos, mínimo y recomendado, *hardware* y *software* base Windows:

- Sistema operativo: versión de 64 bits de Microsoft Windows 11 y Windows 10 versión 1809 o posterior.

- Procesador

  — Básico: procesador de 2,5 - 2,9 GHz (base), no admite procesadores ARM.

  — Recomendado: procesador de 3 GHz o más (base), 4 GHz o más (turbo).

- Memoria

  — Básico: 8 GB.

  — Recomendado: 16 GB.

- Resolución de pantalla

  — Pantallas convencionales: 1920 × 1080 con color verdadero.

  — Pantallas 4K y de alta resolución: resoluciones de hasta 3840 × 2160 (con una tarjeta gráfica compatible).

- Tarjeta gráfica

  — Básico: GPU de 1 GB con 29 GB/s de ancho de banda y compatibilidad con DirectX 11.

  — Recomendado: GPU de 4 GB con 106 GB/s de ancho de banda y compatibilidad con DirectX 12.

- Espacio en disco: 10 GB (unidad SSD recomendada).

- Red: consulte Autodesk Network License Manager para Windows.

- Dispositivo señalador: admite ratones de Microsoft.

- .NET Framework: .NET Framework, versión 4.8 o posterior

Microsoft Office 365 se instalará con los requisitos de *hardware* mínimos siguientes:

- Procesador de 1 GHz o más rápido con el conjunto de instrucciones de SSE2.

- 1 GB o más de memoria RAM para 32 bits, 2 GB o más de memoria RAM para 64 bits.

- Espacio disponible en disco duro de 3 GB o más.

- Resolución de pantalla de 1024 × 576 con Directx 10.

- Windows Server 2012 32/64 bits, Windows Server 2008 32/64 bits, Windows 7 32/64 bits, Windows 8 32/64 bits.

- Internet Explorer 8, 9 o 10, Mozilla Firefox 10.X o posterior, aplique Safari 5 o Google Chrome 17.X o posterior.

- 3.4, 4.0 o 4.5 .NET instalado.

Podríamos poner más ejemplos para que el lector compruebe las necesidades que cada aplicación informática requiere sobre las necesidades de *hardware* del equipo donde está previsto realizar la instalación. Pero tomando como referencia dos aplicaciones populares entre sectores de diseño asistido por ordenador y de oficina, el lector comprenderá que las necesidades de equipamiento difieren.

La figura 2.2 pretende acercar al lector a las "tripas" o *hardware* del equipo que administramos.

2.3. Requisitos de sistema operativo

El condicionante del sistema operativo es de mayor relevancia que el *hardware* del propio equipo. Podemos tener un equipo cuyo *hardware* no solo cumpla con los requisitos óptimos sino mucho más, pero si el sistema operativo no se ajusta al requerido por la aplicación nuestras posibilidades de instalación se desvanecen.

Siguiendo un poco con las aplicaciones mencionadas en el apartado anterior, vemos que AutoCad 2023 necesita que el sistema operativo o *software* base sea Windows 11 o Windows 10, pero a partir de la versión 1809.

Y en el caso de Office 365, se admite en los siguientes sistemas operativos Windows:

- Windows Server 2012 32/64 bits.

- Windows Server 2008 32/64 bits.

- Windows 7 32/64 bits.

- Windows 8 32/64 bits.

- Windows 10.

- Windows 11.

¿Hay algún problema? Pues si tenemos un sistema operativo Linux o MacOS no podremos disfrutar de estas aplicaciones.

Sin embargo, en el caso de Linux disponemos de una aplicación que emula sistemas operativos Windows. La aplicación en cuestión de denomina WINE. Algunas versiones anteriores a Office 2016 permiten ser instaladas con el emulador de Windows denominado WINE.

El autor deja al interés del lector realizar la prueba de funcionamiento.

2.4. Otros requisitos

Aparte de los requisitos *hardware* del equipo y del sistema operativo que lo gestiona, debemos mencionar que pueden existir otros requisitos no menos importantes para que la aplicación informática tenga la funcionalidad que se espera de ella.

Fig. 2.3.

Al hilo de la figura 2.3, el lector observa a una usuaria utilizando un *software* de edición gráfica mediante un lápiz. ¿Es posible? Sí, existen en el mercado dispositivos electrónicos que, una vez conectados al ordenador y configurados, actúan como herramientas.

Por ejemplo, una tableta digitalizadora permite realizar una edición más natural que mediante un ratón. No solo vale para diseño gráfico, sino que sirve de soporte para realizar operaciones de diseño asistido por ordenador o CAD (*Computer-Aided Design*).

Pero si se desea equipar a un despacho de arquitectos necesitaremos, además, un plóter para poder imprimir los planos de manera más profesional. ¿Cómo quedaría un plano si se entrega en un folio? Poco serio, ¿verdad?

Desde luego, podemos obtener más ejemplos, como dispositivos para jugar que seguramente el lector encontrará con más facilidad que el autor. El dispositivo más reconocido es el *joystick* o un volante y pedales si el juego es de coches, etc.

En cuanto al *software*, en muchas ocasiones las aplicaciones necesitan de un soporte *software* que puede ser proporcionado o enlazado por el propio fabricante. Por ejemplo, si la aplicación está construida en una plataforma .NET es posible que necesite un *software* específico, normalmente librerías, y redistribuible para permitir que se ejecute la aplicación.

Normalmente, a la hora de instalar la aplicación, esta realiza una búsqueda con el fin de confirmar que ese *software* está disponible en el equipo. Si no fuera así, el usuario debe instalarlo (los *firmwares* o librerías) antes de proceder a instalar la aplicación.

Habitualmente, la aplicación mostrará un mensaje del *software* previo que necesita y de dónde podemos obtenerlo.

Debes saber...

El *firmware* es un programa informático, habitualmente desarrollado por el fabricante de un dispositivo, que establece la lógica de más bajo nivel que controla los circuitos electrónicos de un dispositivo de cualquier tipo. Está fuertemente integrado con la electrónica del dispositivo, el *software* tiene directa interacción con el *hardware*, siendo así el encargado de controlarlo para ejecutar correctamente las instrucciones externas. Además, establece un protocolo de interactuación entre el sistema operativo y/o cualquier programa que desee manipular dicho *hardware* a través del *firmware*.

Las librerías son un conjunto de implementaciones funcionales, codificadas en un lenguaje de programación, que ofrece una interfaz bien definida para la funcionalidad que se invoca desde otro programa.

ACTIVIDADES

2.1. **¿Cualquier aplicación puede instalarse en un dispositivo informático?**

    a. Sí, siempre y cuando utilicemos un dispositivo de almacenamiento y los pueda leer nuestro equipo.

    b. Sí, siempre y cuando el equipo tenga el sistema operativo para el que fue diseñado.

    c. Sí, siempre y cuando el equipo tenga el *hardware* apropiado para la aplicación.

    d. Debemos recurrir a las especificaciones del producto y que nuestro equipo las cumpla.

2.2. **Una aplicación ofimática, ¿qué crees que NO es necesario que cumpla?**

    a. Memoria RAM de, al menos, 2 GB.

    b. Tarjeta gráfica rápida con RAM propia.

    c. Procesador actual.

    d. Impresora.

2.3. **¿Con qué herramienta podemos obtener información del *hardware* de nuestro equipo?**

    a. En Linux con MSINFO32 y con Hardinfo de Windows.

    b. En ambos sistemas con Hardinfo.

    c. En Linux con Hardinfo.

    d. Ninguna respuesta anterior es correcta.

2.4. **¿Es importante la versión de un sistema operativo en la instalación de una aplicación informática?**

    a. Sí, y debe existir compatibilidad de la versión actual hacia atrás.

    b. No, una aplicación informática funciona en cualquier versión de un sistema operativo.

    c. Sí, pero solo será válida en la versión que indiquen los requisitos.

    d. No, son requisitos con la excusa de vender más versiones.

2.5. Son más seguras las aplicaciones informáticas para Windows que para Linux.

    a. Verdadero.

    b. Falso.

2.6. A una aplicación de diseño gráfico, ¿cuál de estos componentes le afectará más?

    a. Memoria RAM alta.

    b. Procesador de última generación.

    c. Disco duro de alta capacidad.

    d. Una gráfica de altas prestaciones.

2.7. A una aplicación ofimática, ¿cuál de estos componentes le puede afectar más?

    a. Memoria RAM alta.

    b. Procesador de última generación.

    c. Disco duro de alta capacidad.

    d. Una gráfica de altas prestaciones.

2.8. Indica la respuesta incorrecta.

    a. Cualquier aplicación informática, de 64x o 32x, puede ejecutarse en cualquier sistema operativo independientemente de la plataforma para la que fue diseñada.

    b. Una aplicación informática construida para plataformas de 32x puede trabajar en una de 64x.

    c. Una aplicación informática construida para plataformas de 64x puede trabajar en una de 32x.

    d. Una aplicación informática construida para plataformas de 64x o 32x funciona solo en las plataformas para la que fue diseñada.

2.9. Una aplicación diseñada para Windows solo puede ejecutarse en sistemas operativos Windows.

    a. Sí, en cualquier caso.

    b. No, hay aplicaciones Windows que corren en Linux si tienen instalada la aplicación Wine.

    c. Las aplicaciones son independientes de la plataforma del sistema operativo.

    d. Ninguna respuesta es correcta.

2.10. Para un diseñador gráfico, ¿qué periférico le resulta más útil?

a. Un teclado.

b. Un ratón.

c. Una impresora.

d. Una tableta digitalizadora.

2.11. El *firmware* es…

a. Un programa informático que establece la lógica de más bajo nivel que controla los circuitos electrónicos de un dispositivo de cualquier tipo.

b. Un elemento conector *hardware*.

c. Una firma de autenticación *hardware*.

d. Ninguna de las respuestas anteriores es correcta.

2.12. Una librería es…

a. Un conjunto de actualizaciones de aplicaciones informáticas.

b. Rutinas de ejecución de aplicaciones informáticas.

c. Un conjunto de implementaciones funcionales que ofrece una interfaz bien definida para la funcionalidad que se invoca desde otro programa.

d. Ninguna de las respuestas anteriores es correcta.

2.13. En Linux NO hay aplicaciones informáticas ofimáticas.

a. Verdadero.

b. Falso.

2.14. La aplicación Wine es…

a. Una aplicación informática para Windows dedicada a la gestión de vino.

b. Una aplicación informática para Windows que emula al sistema operativo Linux.

c. Un emulador de juegos.

d. Una aplicación informática para Linux que emula el sistema operativo Windows.

2.15. Si se va a utilizar una aplicación de vídeo deberemos fijarnos en tener una…

a. Una buena aceleradora gráfica.

b. Un procesador de varios núcleos.

c. Una memoria RAM amplia, sobre 8 GB.

d. Ninguna de las respuestas anteriores es correcta.

2.16. **¿Pueden existir aplicaciones que funcionen en varios sistemas operativos?**

    a. No, cada aplicación correrá en un solo sistema operativo.

    b. Sí, si la aplicación está desarrollada en Java.

    c. Sí, si está desarrollada en Java o es una aplicación web conectada a un servidor.

    d. Ninguna de las respuestas anteriores es correcta.

2.17. **Una aplicación desarrollada para el sistema operativo Windows 7 podrá funcionar en…**

    a. Windows XP.

    b. Windows Vista.

    c. Windows 10 y Windows 11.

    d. En cualquiera de sus versiones.

2.18. **Si deseamos conocer los requisitos que son necesarios de una aplicación determinada, los encontraremos en la web del desarrollador.**

    a. Verdadero.

    b. Falso.

2.19. **Si queremos instalar Microsoft Office en un sistema operativo Linux debemos…**

    a. Saber si es compatible.

    b. Probar si se instala.

    c. Probar un emulador y comprobar su funcionamiento.

    d. Solo funciona en sistemas operativos Windows.

2.20. **Si tenemos una RAM de 2 GB y el sistema operativo utiliza, como mínimo, 1 GB, ¿podría una aplicación que necesita 512 KB funcionar?**

    a. Sí, si el conjunto de las aplicaciones y sistema operativo no llega a 2 GB.

    b. Sí, en cualquier caso.

    c. Sí, si hay espacio en el disco duro.

    d. Ninguna de las respuestas anteriores es correcta.

PRÁCTICA

En el apartado **Requisitos de componentes** *hardware* aparecen dos aplicaciones con unos requisitos. Teniendo en cuenta la información obtenida con la herramienta Systeminfo de la práctica anterior, ¿sería posible instalar la aplicación AutoCad?

3. Tipos de licencia de *software*

Contenido

Primero debemos entender qué es una **licencia de _software_**: es un contrato entre el desarrollador de un producto _software_ acogido a las leyes que protegen la propiedad intelectual y derechos tanto del autor como del usuario que adquiere el producto, en cuyas leyes se desarrollan y establecen con precisión tanto los derechos como los deberes que tienen ambas partes. Es el desarrollador del _software_ o quien tiene cedidos los derechos de explotación quien elige la licencia según la cual distribuye el _software_.

También definiremos qué es **patente**. Se trata de un conjunto de derechos exclusivos garantizados por el Gobierno mediante su Oficina Española de Patentes y Marcas, o autoridad correspondiente, que le otorga un título al inventor de un producto nuevo tanto material o inmaterial. Este título le reconoce el derecho de explotar en exclusiva su producto impidiendo a otros, por lo tanto, fabricarlo, venderlo o la utilización sin consentimiento del titular. No obstante, la patente se pone a disposición del público en general para su conocimiento.

3.1. Tipos de programa

Todas las aplicaciones informáticas se rigen por algún tipo de licencia de uso.

- Desde el uso privado que puede ser debido a ser construido por un desarrollador particular para uso propio, por lo cual no lo divulgará ni tendrá una transcendencia social, o bien por un organismo privado o público construido por un desarrollador de la institución para uso interno de dicha institución.

- Hasta aplicaciones informáticas cuyo desarrollador o desarrolladores las protegen mediante una licencia que reconozca su autoría indicando las condiciones que debe cumplir el usuario para poder utilizarlas. Puede ser desde el uso muy restrictivo y utilización previo pago por el producto hasta el uso libre acompañado de su código fuente.

Debes saber...

Todo programa informático dispone de un código fuente y de un código objeto.

Todos los programas compilados deben disponer de un programa en código fuente y, para su ejecución, del mismo programa, pero en lenguaje objeto.

El código fuente de un programa informático (o _software_) es un conjunto de líneas de texto en lenguaje humano indicando los pasos que debe seguir el ordenador para realizar la tarea para la cual ha sido escrito el programa.

Sin embargo, el programa en código objeto es el mismo programa descrito anteriormente con la diferencia de que este está escrito en lenguaje máquina y, por lo tanto, entendible por el ordenador.

3.1.1. Tipos de programas en cuanto a licencias

Cualquier persona que tenga un contacto frecuente con los dispositivos informáticos debe, aparte de saber tipos de aplicaciones informáticas, conocer los tipos de licencias con los cuales se distribuyen.

Sin embargo, es uno de los puntos que produce mayor confusión entre los distintos usuarios de ordenadores. Estas licencias, en principio, están sustentadas (ver apartado 3) bajo un tipo de contrato entre el propietario de la licencia y el usuario de la aplicación. Estos términos y cláusulas obligan al usuario a cumplir. En caso contrario cometerá un delito que pueden conllevar un castigo según el código penal y/o civil.

Estas licencias abarcan todo tipo de aplicaciones informáticas: comerciales, libres y gratuitos.

3.1.2. Aplicaciones de libre uso

Si acudimos a Wikipedia nos lo explica, más o menos, de la siguiente manera: el término *software* libre se refiere al conjunto de *software* (programa o aplicación informática) que, por decisión manifiesta del autor, permite que pueda ser copiado, estudiado, modificado, utilizado libremente con cualquier fin y redistribuido con o sin cambios o mejoras. Su definición está asociada al nacimiento del movimiento de *software* libre, cuya cabeza visible fue Richard Stallman; con la creación de su fundación en 1985, la Free Software Foundation, coloca la libertad del usuario informático como propósito ético fundamental. Proviene de la traducción del término inglés *free software*, que presenta cierta ambigüedad entre los conceptos de 'libre' y 'gratis', que se pueden asociar a la traducción de la voz inglesa *free* y que ha generado no poca controversia con el término. De ahí que los usuarios asocien, cuando se refieren al *software* bajo este concepto, *free*, a la gratuidad en cuanto a uso, modificación y distribución sin adquirir obligación alguna con respecto al desarrollador de la aplicación. El autor entiende que la gratuidad se extiende al uso y no a la posterior modificación. Ya que en el caso de la necesidad de su modificación y/o mejora, debe pedirse autorización al propietario a realizarlo y en qué condiciones.

3.1.3. Aplicaciones de uso temporal

Parece evidente la intención correspondiente a la definición de licencia temporal en cuanto al uso o utilización de *software* temporal.

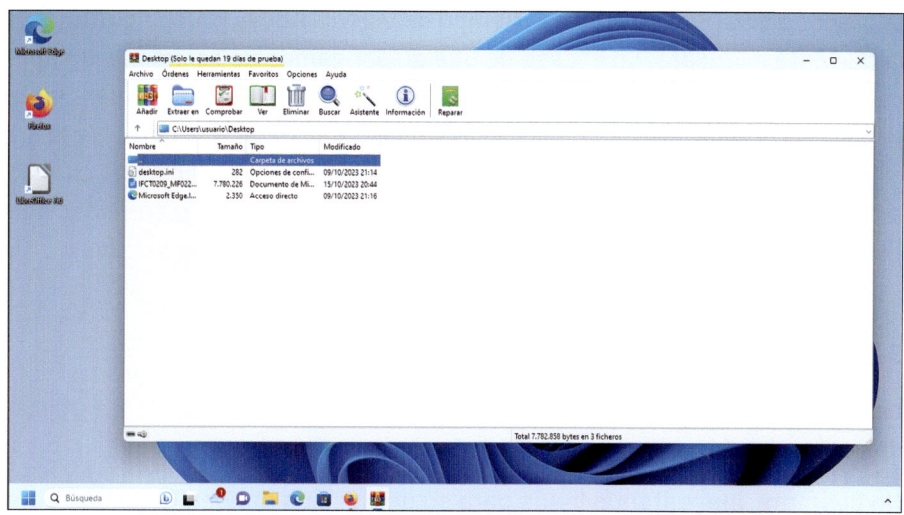

Fig. 3.1.

En general, la licencia de utilización de una aplicación informática de uso temporal viene referida a que el usuario utiliza la aplicación durante un número determinado de tiempo. El tiempo de uso lo define el propietario de la aplicación. Este tiempo puede ser definido desde, habitualmente, horas a días.

Además, y por norma general, este tiempo de licencia suele ir acompañada de funcionalidad limitada en su uso. Es decir, que todas sus funcionalidades no están implementadas bajo esta licencia.

Cuando finaliza el periodo de prueba, si se ejecuta la aplicación, nos informará de que el tiempo de prueba ha finalizado. En general, cuando finaliza este tiempo de prueba la aplicación pierde toda su funcionalidad.

Por ejemplo, una aplicación de contabilidad. Se puede realizar todo tipo de operaciones de cuentas, apuntes, balances, informes; todo menos imprimir. Con lo cual el usuario podrá probar y comprobar su funcionamiento durante el tiempo de prueba, pero no podrá emplearlo para emitir informes.

Este tipo de aplicaciones, además, suele tener controles sobre su instalación. Es decir, el usuario lo instala y lo prueba. Cuando el programa está a punto de expirar lo desinstala con la intención de volverlo a instalar para continuar trabajando con la aplicación. Sin embargo, la aplicación, habitualmente, deja una "semilla" en el registro para comprobar que no ha habido una instalación previa.

En la figura 3.1 el lector puede comprobar un caso, la instalación de prueba de WinRAR (compresor/descompresor de archivos muy popular). Si el lector observa la imagen, podrá comprobar que en la parte superior (marcada con un subrayado amarillo) se indica el tiempo de vigencia de la prueba gratuita en la que esta caducará. En el caso de que dispongamos de licencia, esta aplicación estará cien por cien operativa. Si proseguimos con **Continuar con la versión de prueba**, seguiremos en el mismo estado. Debe tener en cuenta los días de vigencia de los días de prueba. En el caso de esta aplicación, cuando termine la versión de prueba gratuita, aparecerá un mensaje recordando que debe disponer de una licencia para utilizar, legalmente, esta aplicación.

3.1.4. Aplicaciones en desarrollo (beta)

Las aplicaciones en desarrollo pasan por distintas fases antes de ser utilizadas en producción o bien que estén listas para ser vendidas.

No obstante, aun estando listas para su producción pueden ocurrir errores que surgen a medida que su utilización se va extendiendo en producción. Estos serían los errores de posproducción y suelen darse en la versión primera.

Según esté la fase de desarrollo, estas pueden dividirse en:

- Alfa: corresponde a la primera versión publicada de un programa o aplicación informática. En este estado puede ser simplemente una prueba de concepto y en fase de proyecto. Irá, sucesivamente, variando tanto su aspecto como su funcionalidad. En principio, al estar poco probada, todavía contiene diversos errores y/o es inestable. Normalmente, estas versiones no están a disposición del público en general, y las pruebas se realizan en laboratorio cerrado o entre un grupo encargado de realizar las pruebas previas de evaluación y valoración.

- Beta: esta es una versión, en muchos casos completa y funcional, de una aplicación informática, pero que aún contiene errores ocultos o no ha sido suficientemente probada y se encuentra con un cierto grado de inestabilidad. Estas copias suelen entregarse a los llamados *beta testers* que hacen pruebas funcionales para detectar posibles errores. Sin embargo, estas versiones también pueden ponerse (las grandes compañías lo hacen) a disposición del público en general para que ayuden a testear el producto incluyendo un sistema de retroalimentación con el fin de que los desarrolladores puedan obtener estadísticas de estabilidad del *software*.

  En el momento en que estas versiones se entregan a los *beta testers* elegidos, estos deberán firmar un acuerdo de confidencialidad y de no divulgación del producto. A este tipo de copias se las denominan **betas propietarias**. Sin embargo, cuando se ofrecen al público en general estas versiones se conocen como **betas públicas**.

En ocasiones, las versiones mantienen el estado beta durante un largo periodo de tiempo e, inclusive, pueden actualizarse manteniendo este estado. Es más, puede incluso cambiarse de versión manteniendo el estado de beta. Un ejemplo de este caso podemos encontrarlo en muchas aplicaciones de Google. ¿El motivo? Para no estar obligados a dar soporte.

Por ejemplo, Microsoft, prefiere llamar de otra manera a esta fase de desarrollo llamándola PREVIEW o TECHNICAL PREVIEW, porque suele estar destinada a la evaluación y valoración por parte de *beta testers* técnicos. Como ejemplo, podemos citar las versiones Beta de Office o Windows.

En esta fase, además, algunas compañías pueden distinguir dos estados añadidos. Si la aplicación beta es estable (*stable*) o inestable (*unstable*). Con este estado añadido orienta al testeador del nivel de confiabilidad sobre la aplicación que debe tener.

Cuando la aplicación beta deja de estar en este estado se convierte en *Final.* En este punto será una aplicación informática probada y estable.

- Versión candidata a definitiva (RC - *Release Candidate*): estaríamos en un estado posterior a la beta. Se trata, por tanto, de un producto final, y que está preparado para entrar en producción y publicarse como versión definitiva. En este estado o fase, el producto contiene todas las funciones del diseño y funcionalidades para las que fue desarrollado. Este se encuentra libre de errores (según las pruebas realizadas), hasta ese momento, sin que suponga un punto muerto que conlleve continuar con el desarrollo del producto hacia versiones posteriores. Muchos negocios de desarrollo o departamentos utilizan, frecuentemente, este término para valorar posibles errores que pueden surgir en el uso continuado del producto.

- Versión de disponibilidad general (RTM - *Release to Manufacturing*): esta versión, también denominada "dorada", corresponde a un producto en su versión final. Normalmente es, salvo detalles de última hora, idéntica a la versión candidata final, quizás con algunas correcciones de última hora. Esta versión es prácticamente el producto final, con lo cual se puede considerar muy estable y libre de errores. Esta versión se encuentra con una calidad adecuada para realizar una amplia distribución y la posibilidad de ser usada por usuarios finales. En esta fase puede estar ya firmada para que el usuario final pueda verificar que su código no ha sido alterado desde su salida hasta su destino.

3.1.5. Aplicaciones necesarias de licencia

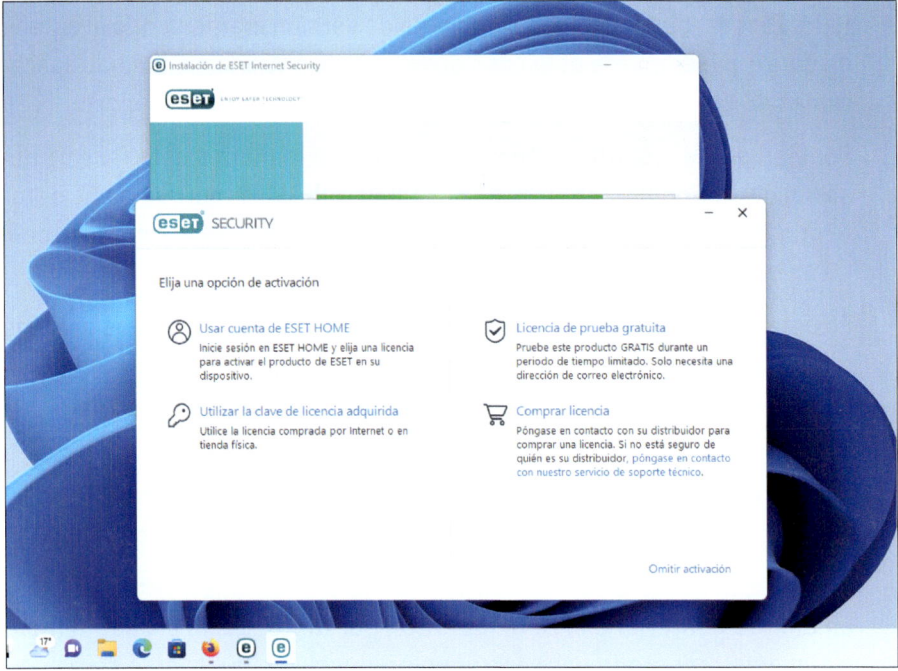

Fig. 3.2.

Las aplicaciones informáticas necesarias de licencia son aquellas aplicaciones que necesitan de la introducción de la correspondiente licencia para obtener toda la funcionalidad de dicha aplicación.

Hoy en día existe la posibilidad de descargarse, desde la web del propietario del producto, una aplicación de prueba con una licencia temporal que realmente tiene toda la funcionalidad incrustada en el producto.

En el momento de realizar la instalación, habrá dos opciones: instalación de evaluación o licencia del producto. De tal manera que, si realizamos la instalación de evaluación o de prueba pasado el tiempo estimado por el propietario para su evaluación, nos obligará a introducir una licencia para seguir disfrutando de la potencia y funcionalidades del producto.

Pero, si desinstalamos el producto, podremos empezar de nuevo la instalación de evaluación. No es así, el producto deja una marca en el registro del sistema para que, si se realizan posteriores instalaciones, conozca que el periodo de gracia ha caducado. Con lo cual, si no instalamos la licencia, no funcionará.

Como ejemplo tenemos una aplicación antivirus como es ESET Internet Security (figura 3.2). El lector puede observar que dispone de varias opciones para instalar. Valgan de ejemplo los siguientes: nos solicita la licencia del producto para habilitar todas las funcionalidades del producto, nos permite evaluar el producto antes de proceder a instalar toda la potencialidad del producto mediante el código de activación que es la propia licencia, activar una cuenta ESET Home e, inclusive, comprar la licencia.

3.1.6. Acuerdos corporativos de uso de aplicaciones

Debemos tener en cuenta que el uso de una aplicación determinada con el coste de la licencia puede suponer una carga económica para la corporación o negocio que puede decantar el uso de una determinada aplicación candidata por sus características hacia otra aplicación, cuyas características de funcionalidad sean similares pero los costes por el uso son menores.

Esto es así porque, en principio, el uso de una aplicación bajo licencia se aplica sobre el equipo que lo ejecuta. Entonces si la aplicación se ejecuta sobre una veintena de equipos o más necesitará, para cada uno de los equipos en que corra, comprar la licencia.

Para minimizar los costes de la licencia se puede llegar a acuerdos económicos de uso independientemente del número total de equipos. Esto es, se estima el uso medio de las aplicaciones dentro del negocio y se estima un coste. O bien utilizar *packs* de licencias ajustando el precio en función del *pack*.

¿Cómo se estima el número total de equipos que funcionarán con la aplicación? El negocio o institución informa del número aproximado de equipos, tanto actuales como futuribles, con lo cual negociará el número base de equipos para la licencia única.

A partir de aquí, se genera una licencia única que solo podrá utilizarse en equipos propios del negocio.

¿Puede existir fraude? Sí, si un empleado tiene la posibilidad de obtener la aplicación y su licencia, esta puede instalarse en otro equipo fuera del entorno del negocio.

Son los administradores del negocio o institución quienes deben ejercer el control de distribución de la licencia de la aplicación.

3.1.7. Licencias mediante código

Normalmente, las licencias mediante código implican la aceptación de las condiciones de uso por parte del cliente. Este tipo de licencias realmente son códigos de activación.

¿En qué consiste el código de activación? El código de activación es un conjunto de caracteres y números que, según los productos, pueden estar separados por un guion y que el usuario necesita introducir para poder activar el producto adquirido. Si este no se introduce, y hemos agotado el tiempo de prueba o evaluación, la aplicación no será funcional.

Sin embargo, en algunos casos, y debido al *hacking* de productos, algunos desarrolladores han generado toda una suerte de códigos de activación, también llamados claves de activación, y contraclaves para asegurarse la imposibilidad de utilizar copias fraudulentas.

Con el ejemplo de la figura 3.2 el lector comprobará que licencia y código de activación es lo mismo. ¿Siempre es así? No, un ejemplo de diferencia entre licencia y código de activación lo obtendríamos en una aplicación muy popular como es WinRAR. Esta, la primera vez que se ejecuta, indica que está en modo evaluación y nos recomienda la compra del producto.

3.1.8. Licencias mediante mochilas

Primero debemos saber a qué denominamos mochila (*dongle* en inglés). Denominamos mochila, entre otras denominaciones como llave, candado, etc., a un pequeño dispositivo *hardware* que se integra en el ordenador con la finalidad de poder conectarse a un programa con la intencionalidad de autenticar un fragmento de *software*. Cuando la llave o mochila electrónica no está conectada, la aplicación informática se ejecuta en un modo restringido o no se ejecuta. Las mochilas electrónicas son usadas por algunos productores de *software* como una forma de prevención contra las copias ilegales o cualquier tipo de vulneración de derechos digitales. Es más difícil copiar estas aplicaciones sin el *hardware* mochila con el que interactúa. Porque, además de copiar el *software,* debe copiar el *hardware.* Normalmente, este tipo de *hardware* se conecta por USB o puerto paralelo.

En algunos casos la llave electrónica o mochila está codificada con una clave de licencia específica, que determina qué características estarán habilitadas en la aplicación informática. De esta manera, se está controlando el tipo de licencia de la aplicación. Por ejemplo, proveemos de una aplicación con diversas funcionalidades; dependiendo del cliente, qué funcionalidades quiere utilizar y por las que deberá pagar un precio. Entonces, el proveedor podrá otorgarle un tipo de licencia u otro. Este sistema lo controla a través de la mochila electrónica posibilitando activar las funcionalidades compradas y evitando el uso de las no compradas. Para ello, necesita configurar la mochila con algún tipo de algoritmo.

Este *software*, normalmente, incluye un cifrado fuerte integrado y usa técnicas de fabricación que impiden la ingeniería inversa. Además, contiene memoria no volátil, donde pueden guardarse y ejecutarse partes claves de la aplicación protegida; y así evitar que sea localizado por detectores de frecuencia, que ejecutan instrucciones de señales y que pueden ser introducidas solo de forma cifrada.

Uno de los problemas añadidos a este sistema de licenciamiento es la originalidad de la llave electrónica. Normalmente el distribuidor solo proporciona una y, si esta se deteriora, la aplicación deja de funcionar. En algunos casos intentan copiar la llave electrónica para evitar, por una parte, pagar una segunda llave al proveedor y, por otra, no parar el trabajo que realiza la aplicación. Pero se ha de tener mucho cuidado al realizar este tipo de actividades, porque puede ocurrir que la llave electrónica original quede dañada en el proceso.

Las obras protegidas por el derecho de autor son muy diversas y abarcan varios campos, como ya se ha indicado anteriormente. En términos generales, cualquier creación original artística, literaria, técnica o científica expresada por cualquier medio o soporte, que puede ser tangible o intangible, que sea conocido por su divulgación por cualquier medio o bien que se cree o invente en el futuro, tal y como establece el artículo 10 de la Ley de Propiedad Intelectual española. A esta declaración general se le añade una lista de tipos de obras protegidas que tiene un carácter meramente ilustrativo e informativo. Lo cual no quiere decir que el resto de las obras no vayan a estar protegidas siempre y cuando se trate de una creación original artística, literaria, técnica o científica:

- Los libros, folletos, impresos, epistolarios, escritos, discursos y alocuciones, conferencias, informes forenses, explicaciones de cátedra y cualesquiera otras obras de la misma naturaleza.

- Las composiciones musicales, con o sin letra.

- Las obras dramáticas y dramático-musicales, las coreografías, las pantomimas y, en general, las obras teatrales.

- Las obras cinematográficas y cualesquiera otras obras audiovisuales.

- Las esculturas y las obras de pintura, dibujo, grabado, litografía y las historietas gráficas, tebeos o cómics, así como sus ensayos o bocetos y las demás obras plásticas, sean o no aplicadas.

- Los proyectos, planos, maquetas y diseños de obras arquitectónicas y de ingeniería.

- Los gráficos, mapas y diseños relativos a la topografía, la geografía y, en general, a la ciencia.

- Las obras fotográficas y las expresadas por procedimiento análogo a la fotografía.

- Los programas de ordenador.

Además, si el título de la obra es original, también estará protegido.

Hemos de añadir también que estarán protegidas aquellas obras derivadas de otras, fruto del resultado de unas obras ya existentes. Como, por ejemplo: traducciones, adaptaciones, revisiones, actualizaciones, etc. Y, ¿cuál es la razón? Porque su elaboración, aun teniendo una base de conocimiento, exige un esfuerzo creativo.

Como añadidura, tenemos los casos de colecciones y bases de datos como resultado del uso de obras ya existentes. Esto es, se protege las colecciones de obras ajenas (museos, colecciones privadas, etc.), de datos o de otros elementos independientes como las bases de datos que por la selección del contenido u organización de sus contenidos constituyan creaciones intelectuales, sin menoscabar los derechos que pudieran subsistir sobre dichos contenidos de dichas obras o bases de datos. En estos casos, la originalidad de la obra se encuentra en la selección, organización y/o disposición de sus contenidos. Esto implica que, si no hay originalidad en la selección de obras, organización y/o disposición, no tendrá derechos de autor.

En principio, están fuera de los derechos de autor una serie de obras como son las disposiciones legales, reglamentos, resoluciones judiciales y sus obras derivadas.

3.2. Derechos de autor y normativa vigente

El derecho de autor es un conjunto de normas jurídicas y principios, los cuales afirman unos derechos morales y patrimoniales que la ley concede a los autores creativos, por el mero hecho de la creación de una obra literaria, artística, musical, científica y/o didáctica, esté publicada o inédita. La legislación sobre derechos de autor en Occidente tiene su origen en 1710 con el Estatuto de la Reina Ana.

Este tipo de derechos se reconocen como uno de los derechos humanos fundamentales en la Declaración Universal de los Derechos Humanos.

En concreto, la legislación española sobre derecho de autor está basada en el modelo del sistema jurídico latino-continental, cuyos principales valedores se encuentran en el derecho francés y, parcialmente, en el derecho germánico. Este tipo de derecho tiene su base, por un lado, en los derechos morales del autor-creador de la obra, y de otro, los patrimoniales que la ley concede a estos por el simple hecho de ser los creadores tanto de obras literarias, artísticas o de carácter científico o técnico.

Contra esta manera de enfocar los derechos de autor, se contraponen las normas y leyes anglosajonas. Mientras la visión anglosajona no contempla, o contempla en menor medida, el carácter moral de la creación de una obra (incorporada recientemente), la continental sí lo hace.

3.2.1. Derechos de autor

El lector seguro que conoce la palabra anglosajona *copyright*. Esta palabra es utilizada internacionalmente para indicar que una creación está protegida por los derechos de autor y procede del Estatuto de la Reina Ana (1710) de Inglaterra. Fue la primera norma en el mundo sobre los derechos de autor. Fue también la base para crear la legislación nacional de otros países del ámbito anglosajón como Estados Unidos.

La palabra y el uso que se le da están tan extendidos en la comunidad internacional que podemos emplearlos (*copyright* - derechos de autor) como sinónimos. Inclusive la RAE (Real Academia Española) lo ha incorporado al diccionario español como voz inglesa cuyo significado no es otro que 'derechos de autor'. Y en la entrada *derechos de autor*, a su vez, indica: '1. m. derecho que la ley reconoce al autor de una obra intelectual o artística para autorizar su reproducción y participar en los beneficios que esta genere.'.

3.2.2. Patentes, marcas y propiedad industrial

Parece evidente, pero definiremos propiedad intelectual como aquellos productos o ideas que tienen que ver con las creaciones de la mente. Estos son: las invenciones, las obras literarias y artísticas, los símbolos, los nombres, las imágenes, dibujos y modelos utilizados en el comercio. Debemos tener en cuenta que la propiedad intelectual se divide, a su vez, en dos categorías:

- La propiedad industrial: esta incluye las invenciones, patentes, marcas, dibujos y modelos industriales e indicaciones geográficas de procedencia.

- Los derechos de autor: todos los elementos que se han tratado en el epígrafe 3.2.1.

¿Qué son los derechos de propiedad intelectual? Los derechos de propiedad intelectual son similares a cualquier otro derecho de propiedad. Son unos derechos que están consagrados en el artículo 27 de la Declaración Universal de Derechos Humanos. El cual establece el derecho a beneficiarse de la protección de los intereses morales y materiales que son producto de la autoría de toda producción, científica, literaria o artística.

La importancia de la propiedad intelectual se reconoció por primera vez en el Convenio de París para la Protección de la Propiedad Industrial, de 1883, y en el Convenio de Berna para la Protección de las Obras Literarias y Artísticas, de 1886. La Organización Mundial de la Propiedad Intelectual (OMPI) es la administradora de estos tratados.

La intención de todo este tipo de normas y legislación es que la propiedad intelectual debe, a la vez, promoverse y protegerse. Es una motivación hacia aquellas personas creativas que deseen aportar elementos de progreso y bienestar a la humanidad, por un lado. También se les debe dar protección jurídica con el fin de alentar la inversión de recursos para seguir innovando y creando. Y no solo eso, sino que estimula el crecimiento económico, generando nuevos empleos e industrias y enriqueciendo y mejorando la calidad de vida de la sociedad.

Y llegados a este punto, ¿qué es una patente? Una patente es un derecho exclusivo concedido sobre una invención. Esta invención es el producto o proceso que ofrece una nueva y novedosa manera de hacer algo en concreto o una nueva solución técnica a un problema determinado.

La intencionalidad de una patente es proporcionar protección al titular de una invención. La protección, antes de ser declarada de utilidad pública, se concede durante un periodo limitado de tiempo.

El lector entenderá que, una vez protegida una patente, el titular de la patente se garantiza que no puede ser confeccionada, utilizada, distribuida o vendida sin su consentimiento.

¿Qué es una marca? Nos referimos a marca como un elemento o signo distintivo o diferenciador que representa a unos servicios o productos que son proporcionados por una persona o empresa determinada. Si hemos de determinar su origen, podemos remontarnos a la época en que los artesanos reproducían en sus productos una firma o marca. Sin embargo, el sentido de marca ha ido evolucionando hacia la creación de un sistema de registro y, consiguientemente, protección de marcas. Gracias a este sistema, los consumidores pueden identificar cualquier producto o servicio que, gracias a dicha identificación y su consiguiente garantía asociada al producto, puede decidirse en su adquisición o no.

Gracias a este registro el consumidor de un bien o servicio conocerá, como derecho, su procedencia.

Sin embargo, la protección de una marca está sujeta a protección durante un periodo de tiempo. Sin embargo, el propietario de la marca puede ir renovando su propiedad las veces que estime oportuno.

¿Qué es un diseño industrial? Podemos indicar que el diseño industrial es el aspecto ornamental o estético de un producto. El diseño puede tener características tridimensionales dando una forma o volumen o bien de carácter bidimensional.

Los diseños industriales se aplican a una gran variedad de productos tanto industriales como artesanos. Como, por ejemplo: instrumentos técnicos y médicos, artículos de lujo, aparatos domésticos, productos eléctricos, vehículos, etc.

Para proteger los diseños industriales, la mayoría de las legislaciones estiman que estos diseños sean nuevos u originales y no necesariamente funcionales. En definitiva, el diseño industrial es, esencialmente, estético. Las legislaciones sobre los diseños industriales no entran en el fondo de la utilidad de los productos.

¿Qué es la propiedad industrial? La propiedad industrial es un conjunto de derechos que una persona física o jurídica tiene aplicables sobre una invención, un diseño industrial, un signo distintivo (marca o nombre comercial), etc.

En España hay varios tipos de derechos de propiedad industrial:

- Diseños industriales: protegen la apariencia externa de los productos.

- Marcas y nombres comerciales (signos distintivos): protegen combinaciones gráficas y/o denominativas que ayudan a distinguir en el mercado unos productos o servicios de otros similares ofertados por otros agentes económicos.

- Patentes y modelos de utilidad: protegen invenciones consistentes en productos y procedimientos susceptibles de reproducción y reiteración con fines industriales.

- Topografías de semiconductores: protegen el (esquema de) trazado de las distintas capas y elementos que componen un circuito integrado, su disposición tridimensional y sus interconexiones, es decir, lo que en definitiva constituye su "topografía".

Para saber más...

¿Qué es la Organización Mundial de la Propiedad Intelectual (OMPI)?

Esta organización fue creada en 1970. La OMPI tiene como objetivo velar por la protección de los derechos de los creadores y los titulares de propiedad intelectual en el ámbito mundial y, por consiguiente, contribuir a que se reconozca y se recompense el ingenio de los inventores, autores y artistas.

Esta protección internacional estimula la creatividad humana, ensancha las fronteras de la ciencia y la tecnología, y enriquece el mundo de la literatura y de las artes.

Es interesante que sepas que la OMPI es una organización autofinanciada, gracias a sus actividades propias de registro internacional de propiedad intelectual, ampliamente utilizada por empresas e instituciones de todo tipo. También vende publicaciones y actividades de arbitraje y mediación.

España, como miembro de la Unión Europea, deberá aplicar en su territorio los derechos de propiedad industrial emitidos por este organismo supranacional. Es más, si España o, en su caso, la Unión Europea suscriben acuerdos que protejan propiedades industriales determinadas, deberán aplicarse en todo el territorio de la Unión Europea. Como son:

- Marca de la Unión Europea
- Marca internacional
- Patente europea
- Solicitud internacional PCT
- Diseños de la Unión Europea
- Diseños internacionales

Debemos diferenciar entre propiedad industrial y propiedad intelectual.

"En España la Propiedad Industrial protege todas las creaciones que están relacionadas con la industria: patentes y modelos de utilidad, signos distintivos y diseños.

Por el contrario, la Propiedad Intelectual se reserva para la protección de las creaciones del espíritu en las que queda plasmada la personalidad del autor, tratándose de creaciones únicas y no producidas industrialmente o en serie.

Dichas creaciones pueden ser obras literarias y artísticas como las novelas, poemas y obras de teatro, películas, obras musicales, obras de arte, dibujos, pinturas, fotografías y esculturas o diseños arquitectónicos, así como las reglas para juegos y los programas de ordenador.

Para cada una de ellas existen leyes diferentes y los organismos encargados de su gestión son también distintos: la Oficina Española de Patentes y Marcas interviene en el reconocimiento de los derechos de propiedad industrial y el Registro de la Propiedad Intelectual en el de los derechos de Propiedad Intelectual".

Información procedente de la Oficina Española de Patentes y Marcas (http://www.oepm.es/).

3.2.3. La Ley Orgánica de Protección de Datos y seguridad informática

La Ley Orgánica 15/1999, de 13 de diciembre, de Protección de Datos de Carácter Personal (LOPD), es una ley orgánica española que tiene por objeto garantizar y proteger, en lo que concierne al tratamiento de los datos personales, las libertades públicas y los derechos fundamentales de las personas físicas, y especialmente de su honor, intimidad y privacidad personal y familiar.

Fue aprobada por las Cortes Generales el 13 de diciembre de 1999. Esta ley se desarrolla fundamentándose en el artículo 18 de la Constitución española de 1978, sobre el derecho a la intimidad familiar y personal y el secreto de las comunicaciones.

El objetivo principal de esta ley es regular cómo deben ser tratados los ficheros y datos, aquellos de carácter personal, de manera independiente a los soportes que se emplean para ser tratados y/o almacenados. También estipula los derechos que tienen los ciudadanos sobre esos datos y las obligaciones consiguientes de las personas y/o organizaciones que tratan esos datos.

Así, la ley afecta a todos los datos que hacen referencia a personas que están registradas sobre cualquier soporte, sea informático o no y que los haga susceptibles de tratamiento, así como a toda modalidad de uso posterior de los datos por los sectores público y privado. Quedan excluidas, por esta normativa, aquellos datos que han sido recogidos cuya finalidad sean para uso doméstico, así como aquellos datos que estén clasificados por el Estado de una manera u otra, o sean de carácter policial, como datos sobre terrorismo y otras formas de delincuencia organizada (bandas organizadas).

A partir de esta ley se creó la Agencia Española de Protección de Datos (AGPD), de ámbito estatal que vela por el cumplimiento de esta ley.

Debes saber...

El organismo que vela por el cumplimiento de las normas y leyes emanadas de la LOPD es la Agencia Española de Protección de Datos.

Web: http://www.agpd.es.

Los responsables, sean personas físicas u organizaciones, de la custodia de estos datos deben emplear todos los medios a su alcance para evitar la fuga de datos sensibles. Nos referimos a todos aquellos datos protegidos por la LOPD.

Para ello, deben implantar sistemas de seguridad informática (si los soportes son para tratamiento informático) tanto para salvaguardar los datos evitando la pérdida por averías en los sistemas informáticos, soportes dañados, etc., como por el acceso no autorizado a dichos sistemas.

Podemos dividir las técnicas de seguridad informática como activa y pasiva:

- Seguridad activa: tiene como objetivo proteger y evitar posibles daños en los sistemas informáticos. Como seguridad activa disponemos de diferentes recursos para evitar fallos de seguridad. Estos son:

  — El empleo de contraseñas adecuadas y seguras. Para crear contraseñas seguras debemos crear contraseñas fuertes de tal manera que sean difíciles de detectar mediante la observación de terceros o bien mediante el uso de *software* que realiza ataques de fuerza bruta. Un ejemplo de clave fuerte es utilizar caracteres combinados que contengan mayúsculas y minúsculas, números y caracteres especiales y de más de 13 caracteres.

  — Uso de *software* de seguridad informática: como ejemplo antivirus, *antimalware* y, sobre todo, tener habilitado un cortafuegos con condiciones duras de acceso.

  — Revisar las configuraciones de los servicios que permiten el acceso a los dispositivos de almacenamiento como servidores.

  — Encriptación de los datos: la encriptación de los datos evitará que las aplicaciones informáticas (*sniffers*) que capturan los datos mediante la escucha de la red "entiendan" qué datos son relevantes y cuáles no.

Para desencriptar los datos requieren disponer, dependiendo de la encriptación, de las claves públicas y, sobre todo, privadas.

— Responsabilidad por custodia: establecer los niveles de seguridad de los distintos soportes que contienen datos sensibles.

- Seguridad pasiva: su fin es minimizar en lo posible los efectos causados de forma accidental por errores de un usuario o *malware*. Las prácticas de seguridad pasiva más frecuentes y más utilizadas hoy en día son:

  — La utilización de *hardware* adecuado que, por sus características, soporta el uso continuado del mismo con medidas preventivas contra accidentes y/o averías.

  — Sistemas y estrategias de copias de seguridad, así como un protocolo de actuación en caso de desastre. La estrategia deberá incluir cómo recuperar los datos y qué hacer con el *hardware* dañado. El *hardware* dañado debe ser destruido completamente evitando los intentos de recuperación por terceras personas.

- Seguridad perimetral: control de acceso del personal autorizado a las instalaciones según su nivel de acceso. Por ejemplo, una persona de mantenimiento eléctrico no podrá acceder a los equipos informáticos.

Para saber más...

La última ley orgánica referente a la LOPD está desarrollada en Ley Orgánica 7/2021, de 26 de mayo.

Web: https://www.boe.es/eli/es/lo/2021/05/26/7/dof/spa/pdf

3.2.4. La Ley de la Propiedad Intelectual

El espíritu de la Ley de Propiedad Intelectual pretende proteger todas aquellas formas creativas. Es decir, armonizar legalmente todos los aspectos relacionados con los derechos de autor que ya hemos mencionado anteriormente.

A continuación, indicamos qué dice, de forma resumida, la Ley de Propiedad Intelectual.

En el **Boletín Oficial del Estado de España** del **Real Decreto Legislativo 1/1996,** de 12 de abril, por el que se aprueba el texto refundido de la Ley de Propiedad Intelectual, regularizando, aclarando y armonizando las disposiciones legales vigentes sobre la materia.

En su preámbulo, indica: "La disposición final segunda de la Ley 27/1995, de 11 de octubre, de incorporación al derecho español de la Directiva 93/98/CEE, del Consejo, de 29 de octubre, relativa a la armonización del plazo de protección del derecho de autor y de determinados derechos afines, autorizó al Gobierno para que, antes del 30 de junio de 1996, aprobara un texto que refundiese las disposiciones legales vigentes en materia de propiedad intelectual, regularizando, aclarando y armonizando los textos que hubieran de ser refundidos. El alcance temporal de esta habilitación legislativa es el relativo a las disposiciones legales que se encontrarán vigentes a 30 de junio de 1996.

En consecuencia, se ha elaborado un texto refundido que se incorpora como anexo a este real decreto legislativo, y que tiene por objeto dar cumplimiento al mandato legal.

En su virtud, a propuesta de la ministra de Cultura, de acuerdo con el Consejo de Estado y previa deliberación del Consejo de Ministros en su reunión del día 12 de abril de 1996,

Artículo único. Objeto de la norma.

Se aprueba el texto refundido de la Ley de Propiedad Intelectual, regularizando, aclarando y armonizando las disposiciones legales vigentes sobre la materia, que figura como anexo al presente real decreto legislativo".

El contenido de la ley es: "La propiedad intelectual está integrada por **derechos de carácter personal y patrimonial**, que atribuyen al autor la plena disposición y el derecho exclusivo a la explotación de la obra, sin más limitaciones que las establecidas en la ley".

En cuanto a sus características: "Los derechos de autor son independientes, compatibles y acumulables con:

1.º La propiedad y otros derechos que tengan por objeto la cosa material a la que está incorporada la creación intelectual.

2.º Los derechos de propiedad industrial que puedan existir sobre la obra.

3.º Los otros derechos de propiedad intelectual reconocidos en el Libro II de la presente ley".

Y, finalmente, en cuanto a su divulgación y publicación: "A efectos de lo dispuesto en la presente ley, se entiende por divulgación de una obra toda expresión de la misma que, con el consentimiento del autor, la haga accesible por primera vez al público en cualquier forma; y por publicación, la divulgación que se realice mediante la puesta a disposición del público de un número de ejemplares de la obra que satisfaga razonablemente sus necesidades estimadas de acuerdo con la naturaleza y finalidad de la misma".

Para saber más...

Ley 2/2019, de 1 de marzo, por la que se modifica el texto refundido de la Ley de Propiedad Intelectual, aprobado por el Real Decreto Legislativo 1/1996, de 12 de abril, y por el que se incorporan al ordenamiento jurídico español la Directiva 2014/26/UE del Parlamento Europeo y del Consejo, de 26 de febrero de 2014, y la Directiva (UE) 2017/1564 del Parlamento Europeo y del Consejo, de 13 de septiembre de 2017.

Más información en: https://www.boe.es/boe/dias/2019/03/02/pdfs/BOE-A-2019-2974.pdf

ACTIVIDADES

3.1. ¿Qué es una licencia de *software*?

 a. El identificador que debemos introducir, durante el proceso de instalación, en la aplicación informática.

 b. Es un contrato entre el desarrollador de un producto *software* acogido a las leyes que protegen la propiedad intelectual y derechos tanto del autor como del usuario que adquiere el producto.

 c. El permiso del desarrollador que permitirá a un usuario utilizar su aplicación informática.

 d. Ninguna de las respuestas anteriores es correcta.

3.2. ¿Qué es patente?

 a. Conjunto de derechos exclusivos garantizados por un gobierno mediante su oficina de patentes, o autoridad correspondiente, que otorga un título al inventor de un producto nuevo material o inmaterial.

 b. Conjunto de derechos exclusivos por parte del propietario de aplicaciones *software* garantizados por el Ministerio de Industria o análogo correspondiente.

 c. Conjunto de derechos exclusivos por parte del propietario que obliga al usuario a defender bajo pena de multa.

 d. Ninguna de las respuestas anteriores es correcta.

3.3. ¿Qué afirmación es errónea?

 a. Todo programa informático dispone de un código fuente.

 b. El código fuente es un conjunto de líneas de texto en lenguaje humano.

 c. El código objeto es ya ejecutable.

 d. Un programa objeto puede necesitar de librerías para ejecutarse.

3.4. Una aplicación de libre uso es gratis.

 a. Verdadero.

 b. Falso.

3.5. Una aplicación de uso temporal es…

  a. Gratis mientras permitamos publicidad.

  b. Uso en alquiler.

  c. Uso por pequeñas donaciones.

  d. Uso para evaluación.

3.6. Una aplicación beta es…

  a. Una aplicación informática completa, pero no funcional.

  b. Una aplicación informática completa y funcional, pero en fase de pruebas por usuarios.

  c. Los prolegómenos de una aplicación ya construida y en fase de pruebas por los desarrolladores.

  d. Ninguna de las respuestas anteriores es correcta.

3.7. Una aplicación alfa es…

  a. Es la fase del comienzo de un proyecto informático.

  b. Es la fase final de un proyecto informático.

  c. La fase del comienzo del desarrollo de una aplicación informática.

  d. La primera versión de una aplicación informática.

3.8. De una aplicación informática, seguiría a…

  a. Alfa.

  b. Beta.

  c. Gama.

  d. Omega.

3.9. Una aplicación informática, para tener toda su funcionalidad, en algún momento nos pedirá…

  a. La introducción de la licencia.

  b. La introducción del correo electrónico.

  c. La introducción de la licencia y del correo electrónico.

  d. Ninguna de las respuestas anteriores es correcta.

3.10. Tenemos una aplicación en Windows y no hemos introducido la licencia, porque tenemos un periodo de evaluación. Cuando se acabe este periodo, desinstalamos y volvemos a instalar la aplicación, y podremos disfrutar de otro periodo de tiempo de prueba.

  a. Verdadero.

  b. Falso.

3.11. Una licencia múltiple es…

  a. Es una licencia válida para cinco equipos.

  b. Es una licencia para evaluar la aplicación en varios equipos.

  c. La licencia de una aplicación informática que se negocia para un conjunto de equipos en una empresa, negocio u organización.

  d. Ninguna de las respuestas anteriores es correcta.

3.12. La licencia mediante código es…

  a. Un conjunto de caracteres y números que pueden estar separados por un guion y que el usuario necesita introducir para poder activar el producto adquirido.

  b. El cliente envía un código propio y el desarrollador lo introduce y, mediante contraclave, la aplicación estará lista para utilizar todas sus funcionalidades.

  c. Es la combinación de clave y contraclave que el proveedor proporciona al usuario.

  d. Ninguna de las respuestas anteriores es correcta.

3.13. ¿Qué es "mochila" en informática?

  a. Un dispositivo tipo *pendrive* que actúa como *backup* de datos.

  b. Un periférico que contiene un procesador para coordinarse con el procesador del ordenador.

  c. Un *software* encriptado para verificar la autenticidad de una aplicación informática.

  d. Un dispositivo sin el cual no es posible acceder a todas las funcionalidades de una aplicación.

3.14. ¿Puede una mochila copiarse?

a. Sí, mediante herramientas de copiado del sistema operativo.

b. No, el proveedor solo proporciona una por licencia.

c. Sí, mediante un *software* de clonación como Clonezilla.

d. No, en ningún caso.

3.15. ¿Qué entendemos por derechos de autor?

a. Un conjunto de normas jurídicas y principios, los cuales afirman unos derechos morales y patrimoniales que la ley concede a los autores creativos.

b. Son derechos equivalentes a los derechos humanos.

c. Es una ley española con vigencia en todos los países de la Unión Europea.

d. Ninguna de las respuestas anteriores es correcta.

3.16. La Propiedad Industrial incluye las invenciones, patentes, marcas, dibujos y modelos industriales e indicaciones geográficas de procedencia.

a. Verdadero.

b. Falso.

3.17. ¿Qué afirmación sobre derechos de propiedad industrial es falsa?

a. Diseños industriales: protegen la apariencia externa de los productos.

b. Marcas y nombres comerciales (signos distintivos): protegen combinaciones gráficas y/o denominativas que ayudan a distinguir en el mercado unos productos o servicios de otros similares ofertados por otros agentes económicos.

c. Escenas pictóricas: protegen la no repetición de la escena que aparezca en un cuadro pictórico registrado.

d. Topografías de semiconductores: protegen el (esquema de) trazado de las distintas capas y elementos que componen un circuito integrado, su disposición tridimensional y sus interconexiones, es decir, lo que en definitiva constituye su "topografía".

3.18. ¿Qué significa LOPD?

a. Ley Organizacional de Prevención de los Datos.

b. Ley Orgánica de Protección de Datos.

c. Legislación Organizacional de Protección de Datos.

d. Ninguna de las respuestas anteriores es correcta.

3.19. Seguridad activa, por ejemplo, es…

a. Disponer de un SAI.

b. Disponer de fuente de alimentación recursiva.

c. Empleo de contraseñas adecuadas y seguras.

d. Control de acceso a la habitación de ordenadores.

3.20. Seguridad pasiva, por ejemplo, es…

a. Disponer de un SAI.

b. Encriptar los datos.

c. Tener un antivirus.

d. Responsabilidad custodial.

PRÁCTICA

Instalar una aplicación no gratuita ni libre, pero que permita su uso sin licenciar. ¿Es lícito utilizar este tipo de *software*?

4. Instalación de aplicaciones informáticas

Contenido

En este capítulo trataremos sobre las instalaciones de las aplicaciones informáticas. Y, más concretamente, sobre las aplicaciones informáticas que se instalan en sistemas operativos Windows 11 de Microsoft y en sistemas operativos Linux (distribución Debian 12).

Dicho esto, ¿qué podemos señalar sobre lo que entendemos sobre "instalación de aplicaciones informáticas" o aplicaciones *software*? El proceso de instalación del *software* en general como, por ejemplo, programas únicos, paquetes informáticos como Office, LibreOffice, etc., es un proceso mediante el cual "transferimos" nuevos programas a un ordenador. Estos han de ser preparados para ser ejecutados en el sistema informático seleccionado. En el caso de tener éxito en la instalación y posterior configuración, podremos ejecutar y aprovechar todas las funcionalidades para las que fueron desarrollados.

Hemos de tener en cuenta que toda aplicación tiene una vida útil. Y esto puede deberse a diversas circunstancias:

- Cambio de versión del sistema operativo o cambio del sistema operativo.

- Finalización del desarrollo de la aplicación, con lo cual no habrá más actualizaciones.

- Finalización del soporte de la aplicación por lo que cesarán sus actualizaciones.

En sistemas operativos Windows, en cualquiera de sus versiones, lo habitual es que las aplicaciones informáticas tengan un protocolo de instalación. Es decir, el productor del *software* objeto de instalación proporcionará los archivos necesarios y el mecanismo para transferir todos los programas y archivos necesarios para obtener todas las funcionalidades del *software* que se vaya a instalar.

Vamos a poner como ejemplo un paquete ofimático libre, LibreOffice, y veremos el procedimiento de instalación en Windows y en Linux.

En el caso de Windows 11, procedemos a entrar en la página oficial de LibreOffice (https://es.libreoffice.org/descarga/libreoffice/) y, una vez seleccionado el sistema operativo donde se instalará, descargamos el archivo. Como verá el lector, en la figura 4.1 se muestra la página desde la que se puede descargar el archivo instalador y, en primer plano, se inicia la instalación. Es decir, debemos obtener contacto con el proveedor del producto y será el propio proveedor quien indique o proporcione los mecanismos de instalación, configuración y uso del producto seleccionado.

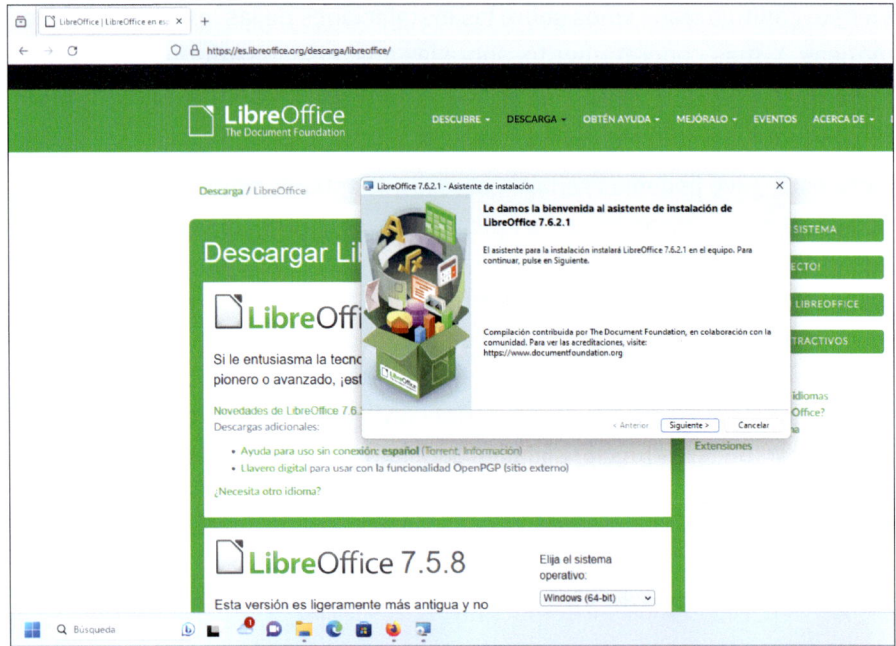

Fig. 4.1.

En el sistema operativo Windows 10, se dispone de una tienda *online* que proporciona *software* de aplicación que podemos descargar. Pero aún está en proceso de ser utilizado como un punto de compra o adquisición de productos *software*. Por ejemplo, el autor realizó una búsqueda de la aplicación mencionada en el ejemplo y no ha sido posible encontrarlo.

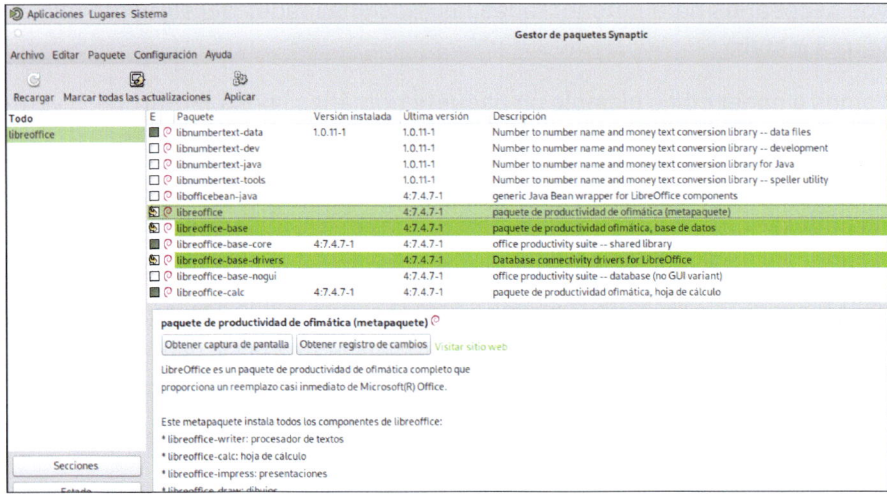

Fig. 4.2.

En el caso de las distribuciones Linux, resulta más fácil. Muchas de las aplicaciones, al ser de uso libre, están guardadas en el repositorio; con lo cual, su instalación es mucho más sencilla.

En el ejemplo que se muestra en la figura 4.2 utilizamos la aplicación Synaptic de las distribuciones Debian (como el caso del ejemplo, Debian 12). Aunque en el ejemplo aparece como instalada, el proceso de instalación es: seleccionar el paquete que deseamos instalar, inmediatamente nos pedirá confirmación de instalación de otros programas necesarios para el normal funcionamiento de la aplicación ofimática, y, una vez confirmado, procede a instalarnos todos los programas y archivos necesarios para obtener las funcionalidades del paquete ofimático.

4.1. Componentes de una aplicación

En las aplicaciones informáticas existen diversos elementos con los cuales debemos estar familiarizados:

En el aspecto de *software*, una aplicación informática contiene:

- Interfaz de usuario.

- La aplicación está compuesta por uno o más programas.

- No todo el desarrollo de la aplicación son programas ejecutables.

- Puede contener *software* desarrollado compuesto, por ejemplo, de librerías dinámicas que dan soporte a todos los programas de la aplicación o bien a algunos.

- Puede contener *software* de terceros como *frameworks*.

- *Software* de soporte y ayuda. Cuya intencionalidad no sería otra que el soporte técnico tuviera un acceso externo autorizado a la aplicación que permita comprobar y/o corregir errores detectados en el uso de la aplicación, error de introducción de datos, etc.

Sin embargo, los elementos que el usuario más utilizará serán las interfaces de la aplicación con respecto al uso de las funcionalidades de la aplicación y el manual de usuario que será referente constante en el aprovechamiento de las funcionalidades antes mencionadas.

4.1.1. Formato

El formato de la aplicación o interfaz entre el usuario y la aplicación es el medio a través del cual el usuario puede comunicarse con una máquina o equipo informático. La aplicación tiene unas funcionalidades para las que fue diseñada. La interfaz debe cumplir un factor importante en el desarrollo de la aplicación, con el fin de que el usuario perciba las funcionalidades o utilidades por los cuales adquirió el producto.

Un mal diseño de la interfaz puede llevar al usuario a arrepentirse de la adquisición del producto por muy bueno y eficiente que sea. El principio de que el producto debe entrar primero por los ojos es completamente cierto. Aunque también es cierto que el producto debe ser bueno "por detrás", es decir, debe cumplir con lo prometido.

Las interfaces deben ser fáciles de entender y fáciles de trabajar. En definitiva, deben ser amigables.

Aunque en principio el concepto de interfaz es amplio, hoy en día todas las aplicaciones que deseen una divulgación amplia utilizarán el método de interfaz gráfica (GUI - *Graphical User Interface*), en lugar de utilizar una interfaz modo texto o terminal (CLI - *Command Line Interface*). Aunque la interfaz tipo terminal utiliza menos recursos del sistema y, por lo tanto, interactúa mucho más rápido, la interfaz gráfica permite ser más amigable e intuitiva. Incluso permite obtener la información en formato WYSIWYG (*What You See Is What You Get* - lo que ves es lo que obtienes).

4.1.2. Manual de instalación

El manual de instalación es el documento informativo única y exclusivamente del proceso de instalación, modificación, reparación o desinstalación de la aplicación informática que tenemos entre manos.

Este documento suele informar de los requerimientos mínimos del equipo donde se puede instalar, teniendo en cuenta que podremos utilizar sus funcionalidades de forma normalizada. Pero los requerimientos mínimos no tienen por qué coincidir con los óptimos.

Cumplir con los requerimientos mínimos permite utilizar la aplicación informática, pero, en determinadas circunstancias (carga de procesos, llenado de memoria RAM, etc.), puede conducir a un cuelgue de la aplicación y, en el peor de los casos, a un cuelgue del equipo, lo que nos obligará a reiniciarlo.

Sin embargo, si cumple con los requerimientos óptimos, tendremos ciertas garantías contra los cuelgues en la aplicación informática o en el equipo, en cuya responsabilidad pueda verse implicada la aplicación informática.

También puede incluir posibles casos de errores en la instalación y cómo solucionarlos. Además, de distintas formas de contacto con el soporte técnico del distribuidor o proveedor de la aplicación.

4.1.3. Manual de usuario

El manual de usuario o guía de usuario es, por definición, un documento de información técnica cuyo objetivo o destino es dar asistencia a las personas que utilizarán un sistema más o menos complejo. Es un documento, normalmente, redactado por un escritor de carácter técnico que está directamente relacionado con el desarrollo del producto como, por ejemplo, un programador o, también, el director técnico del proyecto.

Aunque hoy en día encontramos manuales de usuario y/o guías de uso de muchos productos, estos suelen asociarse a productos de carácter electrónico. Y, más aún, desde que han aumentado los dispositivos electrónicos que tienen en común elementos *software* incrustados en sus mecanismos.

Los primeros manuales de usuario se desarrollaron en formato de libro y sobre papel. Este libro contenía un índice con diversos apartados orientativos para el usuario y los contenidos de dichos apartados.

Sin embargo, los actuales manuales de productos informáticos apuestan menos por el papel, y se presentan cada vez más manuales y guías interactivos, con presentaciones gráficas, animaciones y otros recursos más amenos que la simple lectura.

Uno de los problemas de los antiguos manuales era la interpretación de lo leído que podía tener margen de equívoco a pesar, en ocasiones, de ir acompañado de una imagen alegórica. Con las nuevas tecnologías, más visuales, ocurre menos, ya que hay una mayor complementariedad entre lo escrito y la explicación visual y/o auditiva, con lo que el usuario se hace una idea más exacta de qué quiere decir el manual.

¿Qué tipo de lenguaje debe utilizarse? El escritor y/o productores del manual deben huir del lenguaje muy técnico. El lenguaje debe ser sencillo y valorar el tipo de lectores a quienes va dirigido. Es decir, primero valorar qué requisitos previos debe tener el usuario para afrontar el uso del producto y adecuar el lenguaje a ese público.

4.2. Procedimientos de copia de seguridad

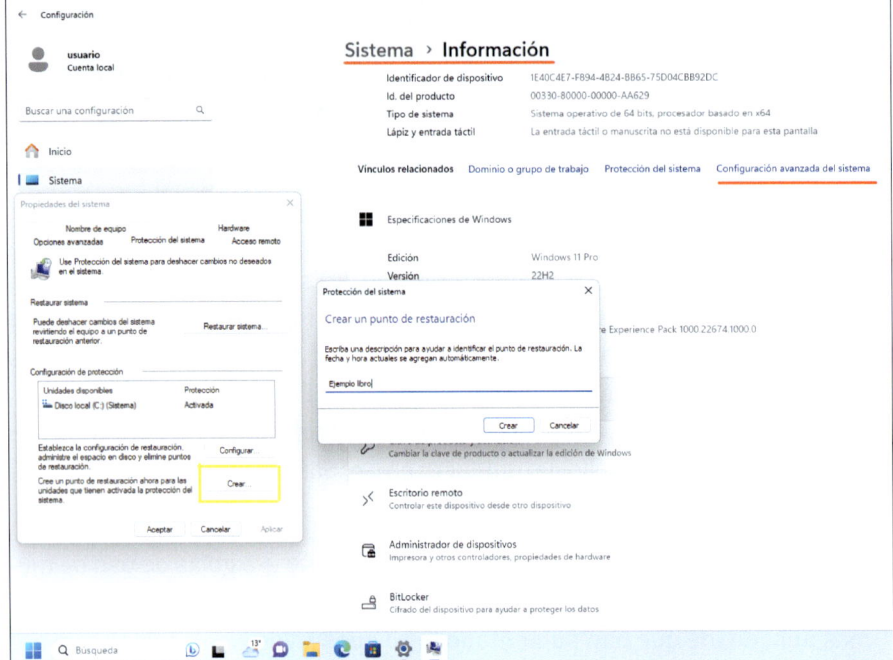

Fig. 4.3.

A la hora de realizar una instalación debemos valorar el impacto negativo que puede acarrear al ordenador en el cual se va a instalar el producto informático.

Para proteger el sistema ante un fallo en la instalación de un producto informático, podemos realizar varias tareas complementarias y/o independientes entre sí:

- Creación de un punto de restauración: en sistemas operativos Windows 11 podemos crear un punto de restauración antes de proceder a instalar cualquier producto informático. De este modo, si se produce un fallo en el sistema durante el proceso de instalación, siempre podemos volver a una situación anterior y reciente que minimice el impacto sobre el sistema. En la figura 4.3 observamos cómo podemos realizar el punto de restauración (desde **Configuración** > **Sistema** > **Información** > **Configuración avanzada del sistema**, pestaña **Protección del sistema** y pulsaremos el botón **Crear** para realizar el punto de restauración). Por defecto, el botón **Crear** aparece inhabilitado, porque no se ha activado previamente la opción de activar la protección del disco. Para crearlo, se debe pulsar el botón **Configurar** y habilitar la opción **Activar protección del sistema**. En distribuciones Linux

Debian 12, debe recurrirse a sistemas de copias de seguridad y restauración como Grsync (*frontend* del programa Rsync).

- Una imagen de disco: utilizando la imagen del disco se podrá restaurar el contenido de dicho disco a una situación anterior a una instalación fallida. Es un procedimiento más costoso en el tiempo y demasiado drástico.

- Copia de seguridad de los archivos: realizando una copia de seguridad, podremos volver a restaurar casi en las mismas condiciones que en el caso de la creación de una imagen de disco. En el caso de Windows deberemos utilizar el disco de instalación que a su vez es un disco con herramientas con las cuales podemos restaurar copias de seguridad realizada anteriormente.

4.3. Instalación y registro de aplicaciones

Normalmente, durante el proceso de instalación se realiza una serie de comprobaciones por parte de la aplicación destinadas a comprobar que no exista una copia previa (si existe, proceder a actualizarla si la aplicación lo permite) y a verificar la licencia o código de activación, etc.

Actualmente, existen muchos métodos de registro. Es habitual utilizar formas de ocultar el registro real con el que trabaja la aplicación. Es decir, si introducimos un código de licencia o activación, esta muta en un código resultante que será guardado en algún lugar o lugares del registro de Windows con la única intención de impedir, en la medida de lo posible, las copias fraudulentas de la aplicación informática adquirida.

Un factor que influye en el método y control de las aplicaciones informáticas es el estado en el que se encuentre la aplicación: alfa, beta o producto final.

4.3.1. *Software* legal e ilegal. La Ley de Propiedad Intelectual

En el momento en que se decide realizar una instalación de una aplicación informática, sea legal o ilegal, debemos considerar si en la instalación y uso se está incurriendo en el incumplimiento de algunas de las normas y/o leyes que protegen la propiedad intelectual en cuanto al *software* se refiere.

Una de las novedades de la reforma del código penal que pretende tanto evitar el uso fraudulento del *software* como preservar la propiedad intelectual en general contra la piratería hace recaer sobre los representantes de las empresas la responsabilidad de las acciones que se produzcan en su negocio.

Así, dicha responsabilidad se podría corresponder con penas de:

- Hasta dos años de prisión o multa de tres a diciocho meses.

- Inhabilitación de hasta cinco años para el ejercicio de la industria o comercio.

- Disolución de la persona jurídica (negocio).

- Suspensión de sus actividades y clausura de locales y establecimientos.

- Inhabilitación para contratar con el sector público.

- Inhabilitación para tener beneficios e incentivos fiscales o de la Seguridad Social.

La nueva ley crea las siguientes obligaciones:

- Obligación de todas las organizaciones de aplicar programas de cumplimientos. Como, por ejemplo, cumplir con la legalidad de su *software*.

- Obligación de establecer modelos de organización y gestión en los que deban incluir medidas tales como protocolos de vigilancia y control para prevenir delitos.

- Obligación de contar con un sistema disciplinario mediante normas internas o adición de nuevas normas, cuyo objetivo sea sancionar el incumplimiento de las medidas que se establecen para combatir estas actuaciones.

En el caso de que en una organización se detecte que existe *software* ilegal, se debe proceder a legalizar dicho *software* o a desinstalar los productos ilegales.

Una manera adecuada de mantener todo el *hardware* y *software* controlado es mediante un sistema actualizado de inventario. La organización debería tener contemplada la figura del responsable del inventario de todo el equipamiento informático. Normalmente, el administrador de equipos informáticos suele ser el encargado de esta tarea.

Una buena idea es utilizar *software* que controle no solo el *hardware* de la organización, sino también el *software* y las licencias (si las tuviera y/o fueran necesarias).

Como ejemplos de sistemas de gestión de inventariados en tiempo real podemos citar algunos entre propietarios o de pago y libres: Network Inventory Advisor (http://www.network-inventory-advisor.com/es/), OCS Inventory (https://ocsinventory-ng.org/), GLPI (https://glpi-project.org/es/), etc.

El principio activo de un *software* de red es que debe existir un servidor que recopila toda la información, a través de la red, de todos los equipos conectados a la red. Para conseguir esto, deben estar equipados todos los equipos clientes de la red con un agente, que es el encargado de notificar al servidor de inventario los cambios realizados en cada uno de los equipos.

En el apartado 3.2.4 se detalla con más profusión la Ley de Propiedad Intelectual.

4.3.1.1. Validación de *software* original

El proceso de validación de un *software* es un procedimiento de verificación del propio *software*, habitualmente, por el cual se confirma que el *software* adquirido y con el cual estamos trabajando es válido y legal.

Esto es debido a que existe mucho *software* modificado para evitar pagar la licencia. Este *software* modificado puede conllevar más allá de un simple *hackeo* de la aplicación con el fin de evitar pagar la licencia de adquisición de la aplicación informática.

¿Por qué es necesaria la validación? Porque el usuario que utiliza la aplicación informática puede que no sea consciente de la situación de la aplicación adquirida: si es comprada pero no por los canales habituales, si es regalada pero el usuario desconoce la procedencia real de la aplicación, etc. El propietario del *software* pone a disposición del usuario esta opción para que compruebe si tiene lo que ha comprado o tiene "alguna sorpresa".

Es muy habitual que aplicaciones informáticas muy populares, por ejemplo, el Office de Microsoft, sean centro de *hackeo*. En muchas ocasiones, lo que se altera es un programa o archivo del paquete ofimático. Pero ¿los *hackers* lo hacen por altruismo considerando que el *software* es propiedad de la humanidad? Me temo que no. Cuando se altera un producto, habitualmente, es para obtener algún beneficio. Por ejemplo, tener acceso al equipo que trabaja con esa aplicación, de tal manera que puede convertirse el equipo en un ordenador zombi.

Resumiendo, si validamos la aplicación, tendremos la certeza de que el producto adquirido es original; en caso contrario, "viviremos peligrosamente".

Durante el tiempo que estuvo activo el sistema operativo Windows XP de Microsoft, fue muy popular un *software*, WGA (Windows Genuine Advantage - 'ventajas de Windows original'), que fue un genuino *software* de validación.

4.3.1.2. Certificados de autenticidad

Un certificado de autenticidad de un producto informático (COA, *Certificate of Authenticity*) es un sello, o pegatina pequeña, que viene acompañado en un soporte que contienen un programa o aplicación informática privado (en nuestro caso) y los ordenadores. El objetivo para el que fue diseñado es demostrar que el producto adquirido es auténtico. Habitualmente, los certificados de autenticidad de los productos informáticos vienen acompañados con un número de licencia con el que se verificará que la aplicación copiada es genuina y garantizada.

Sin embargo, en un mundo tecnológico como el que se está viviendo actualmente, es normal que la aplicación informática no se compre en ningún establecimiento, sino que, a través de Internet, accedamos al producto que deseamos instalar. Como han sido centro de ataques por parte de *hackers*, las webs que ofrecen estas aplicaciones informáticas han tenido que habilitar un sistema similar a los certificados de autenticidad. ¿Cómo? Mediante un sistema de certificados digitales. Una parte del certificado digital está incrustado en la propia aplicación informática y otra, visible, puede ser utilizada por el usuario para cotejarlas y comprobar la autenticidad de la aplicación.

¿Cómo se realiza este procedimiento? Es muy popular el uso de la herramienta de cifrado con PGP.

Para saber más...

Pretty Good Privacy o PGP ('privacidad bastante buena'): es un programa desarrollado por Phil Zimmermann y cuya finalidad es proteger la información distribuida a través de Internet mediante el uso de criptografía de clave pública y clave privada, así como facilitar la autenticación de documentos gracias a firmas digitales.

GNU Privacy Guard (GnuPG o GPG): es una herramienta de cifrado y firmas digitales desarrollado por Werner Koch, que viene a ser un reemplazo del PGP (Pretty Good Privacy), con la principal diferencia de que es *software* libre licenciado bajo la GPL. GPG utiliza el estándar del IETF, denominado OpenPGP.

¿Cuál es el procedimiento para insertar la combinación de claves y su comprobación posterior? El lector puede generar estas claves utilizando *software* GNUPG. Puede, asimismo, publicar sus claves públicas a través de servidores de claves públicas. Como ejemplo de servidor podemos citar http://www.rediris.es/keyserver/.

Otro formato de comprobación de aplicaciones informáticas descargadas de Internet es el *hashing*.

Es posible que, en la descarga, desde Internet, el lector haya observado que hay una mención o posibilidad de comprobación o verificación de un archivo. Por ejemplo, si descargamos una ISO o una aplicación informática. Junto con el enlace suele aparecer una retahíla de valores numéricos y letras (*hash*).

Un *hash* es una función matemática que extrae la huella digital de una serie de datos (por ejemplo, un archivo). Es importante resaltar que la huella digital generada es ¿única?, más bien casi única, de tal manera que, si un archivo cambia (se ha hecho una pequeña modificación total o parcial, el *hash* cambiará también. De lo que se trata es de verificar que el archivo descargado es quien dice ser y que no suceda que el sitio web ha sido vulnerado y descarguemos una copia que no es la que deseamos.

Cómo implementar este sistema lo explicamos, también, en el Anexo I.

4.3.2. Instalación o actualización de componentes y aplicaciones ofimáticas

Qué mejor manera de conocer cómo se instala una aplicación informática que elegir un paquete ofimático, también llamado "*suite* ofimática". El lector ya sabrá, seguramente, qué es un paquete ofimático. Por repasar, un paquete ofimático es un conjunto de aplicaciones informáticas destinadas al uso en una oficina para propósitos generales. Cuyo destino es realizar diferentes funciones y tareas sobre archivos y documentos, como crear, modificar, organizar, escanear, imprimir, etc.

Como cualquier ejemplo es bueno, utilizaremos un paquete de libre distribución y uso y, además, multiplataforma; es decir, que es válido en distintos sistemas operativos: LibreOffice. Podemos acceder a la página oficial https://es.libreoffice.org, ejemplo en la figura 4.1. En la figura 4.1 observamos la dirección web de descarga de la aplicación ofimática LibreOffice junto con su ejecución. En el momento de escribir este libro, la versión con la que se trabaja es la 7.6.2 (figura 4.1).

Al ser un paquete único de carácter ofimático la instalación es única e instala todos los elementos ofimáticos como son: procesador, hoja de cálculo, etc. El proceso es sencillo. Puede ocurrir que algún proceso o aplicación necesite cerrarse. El lector puede lanzar el administrador de tareas y cerrar el proceso o la aplicación y continuar con el proceso de validación de la aplicación.

En Linux también se dispone de la misma *suite* ofimática. Esto permitirá mayor compatibilidad de documentos entre sistemas operativos heterogéneos.

4.3.2.1. Procesadores de texto

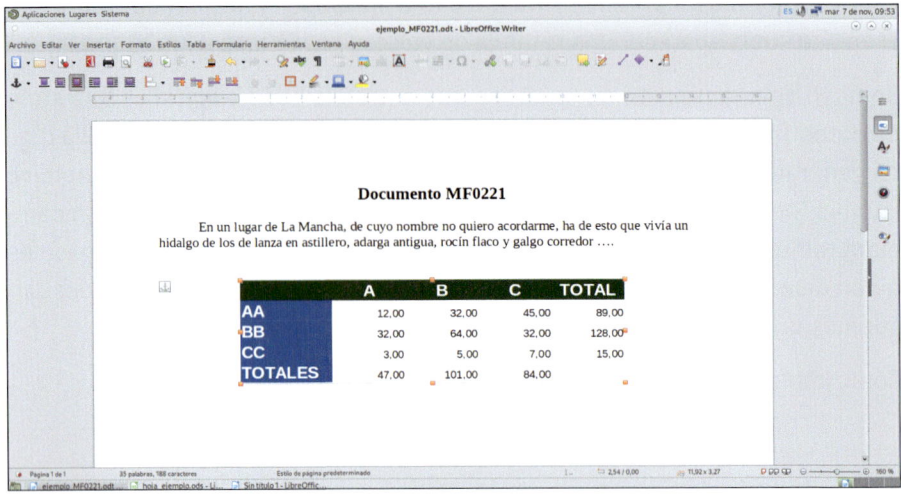

Fig. 4.4.

El procesador de texto es una aplicación informática (es habitual entregarlo incorporado en un paquete ofimático), cuyas funciones básicas son: creación, edición, modificación, procesamiento de documentos de texto con formato (tipo de letra, tamaño, etc.) e inserción de imágenes. Difiere de los editores de texto en que estos solo manipulan texto simple y se archiva como texto plano, sin comprimir.

Una de las características de los procesadores de texto son las múltiples funcionalidades que demuestran no solo para la redacción de documentos con diferentes tipografías, tamaños de letras, formato de los párrafos, etc., sino también la posibilidad de insertar objetos generados con otras aplicaciones del propio paquete. Como ejemplos podemos citar: inserción de una hoja de cálculo ya creada en el propio documento, envío de cartas personalizadas mediante la inserción de campos de una base de datos, etc.

De hecho, es la aplicación informática central de todo paquete ofimático.

En la figura 4.4, el lector puede observar la incrustación en un documento escrito en Writer (procesador de texto de LibreOffice) de celdas de una hoja de cálculo, hecha con la aplicación Calc del mismo paquete. Está insertado como objeto OLE (*Object Linking and Embedding* - 'incrustación y enlazado de objetos'). Este ejemplo se ha utilizado en un sistema Debian 12, distribución Linux.

4.3.2.2. Hojas de cálculo

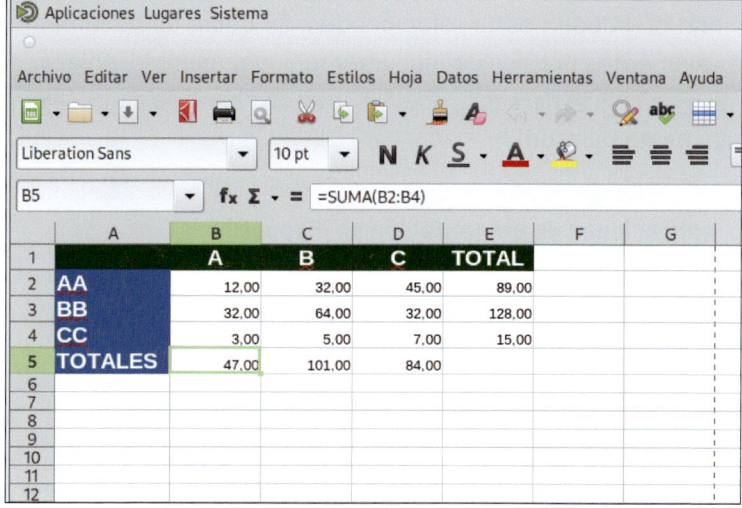

Fig. 4.5.

Una hoja de cálculo u hoja electrónica es un tipo de documento compuesto, en forma de tabla, de celdas que permite manipular datos numéricos y alfanuméricos dispuestos de forma organizada. La distribución tiene la forma de una matriz bidimensional organizada mediante filas y columnas.

Hay varios elementos de la hoja de cálculo que deben tenerse en cuenta:

- Las celdas son la unidad básica de información, es ahí donde insertamos un valor que será único para toda la hoja de cálculo.

- Las filas son un conjunto de celdas agrupadas en formato horizontal y tendrán una referencia numérica.

- Las columnas son un conjunto de celdas agrupadas en columnas y viene referenciada mediante una letra.

- La combinación de un número y una letra dará como resultado una única celda y será referenciada. Por ejemplo, A1 hará referencia a una celda que está situada en la columna A, fila 1.

En la figura 4.5, puede observar cómo se distribuyen las celdas de la hoja de cálculo. El lector podrá observar también la celda seleccionada y cómo, en la barra de tareas superior, aparece una función incrustada en la celda. Esto quiere decir que la celda puede contener un dato fijo o un dato resultante de una operación o función determinada (el dato objeto del ejemplo suma toda la columna B).

En la figura 4.4, procesador de textos, se incrusta esta hoja de cálculo. El lector debe entender, mediante este ejemplo, que todas las aplicaciones de esta *suite* ofimática pueden estar relacionadas. Es decir, un documento puede contener elementos propios del documento y, por ejemplo, enlazar con otra aplicación o archivo generado y, además, con una base de datos (ejemplo típico: circular personalizada).

4.3.2.3. Aplicaciones de presentación de diapositivas

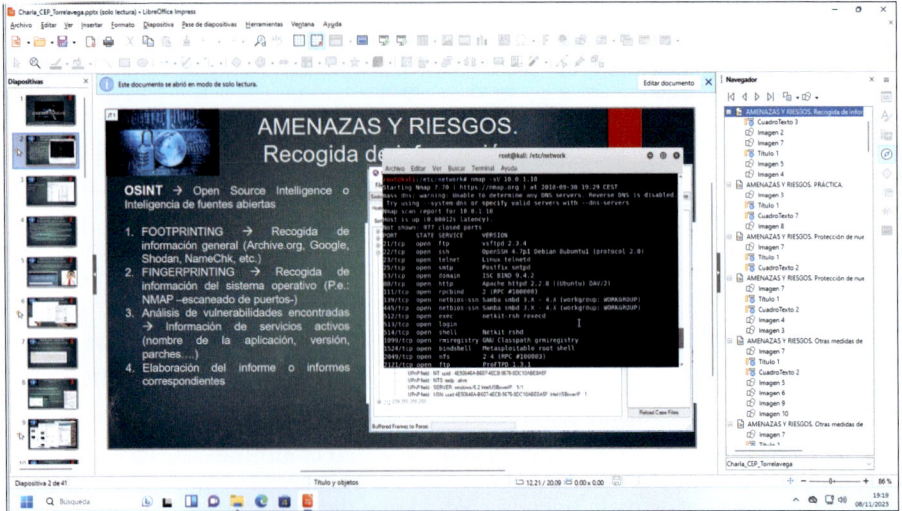

Fig. 4.6.

Otra aplicación incluida en el paquete ofimático son las presentaciones de diapositivas mediante un *software* específico para ello. En el caso de LibreOffice disponemos de Impress (es muy conocida la aplicación PowerPoint de Microsoft Office) para crear diapositivas.

Tomemos como ejemplo la figura 4.6. En ella puede observar la forma en que se construyen las diapositivas. A la izquierda se encuentra la columna con todas las diapositivas de la presentación. En su parte central se encuentra la diapositiva activa para editar. En el caso del ejemplo es la primera diapositiva. Podremos añadir, borrar y modificar las diapositivas. También permite incrustar imágenes, vídeos, texto enriquecido, etc.

Una vez terminada la construcción de la presentación, podemos observar el resultado final pulsando, en este caso, F5.

4.3.2.4. Aplicaciones de tratamiento de gráficos

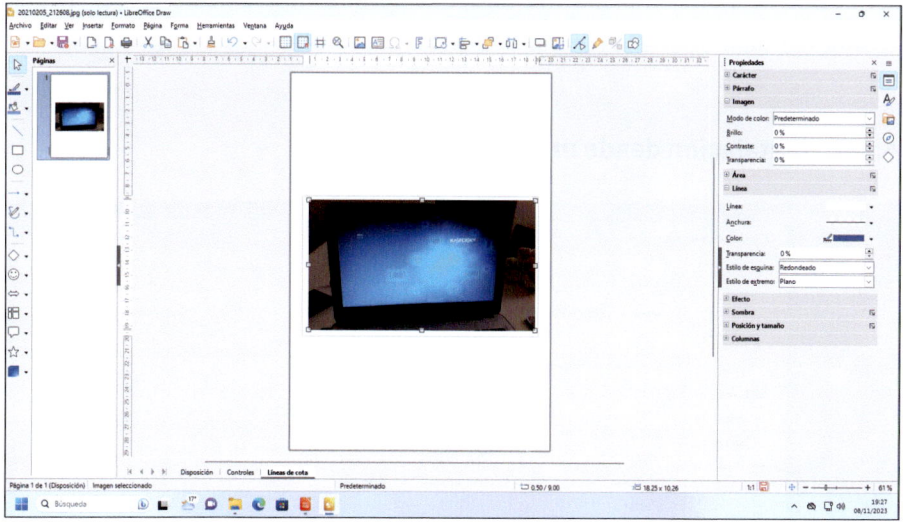

Fig. 4.7.

También LibreOffice dispone de una aplicación de tratamiento gráfico, Draw. Es una aplicación que no pretende ser una herramienta para especialistas gráficos en su ramo, pero su comportamiento y herramientas son suficientemente amplias y sencillas de manejar para permitir realizar trabajos gráficos orientados a tareas ofimáticas con un aspecto muy decente y reconocido.

En la figura 4.7 vemos un ejemplo de trabajo (no muy elaborado) con la aplicación Draw. En el ejemplo se ha cargado una imagen para su posterior manipulación.

Como podrá comprobar el lector, en la parte superior y a la izquierda se encuentran las barras de herramientas. A la izquierda la capa sobre la que se está trabajando. A la derecha las características propias de la zona de dibujo (objeto) seleccionada. En el centro el dibujo o gráfico con el que estamos trabajando.

4.3.2.5. Otras aplicaciones y componentes

Aparte de las aplicaciones antes mencionadas, los paquetes ofimáticos suelen venir acompañados de otro *software*. Tomando como referencia LibreOffice, este dispone también de las siguientes aplicaciones informáticas:

- Base: se trata de un gestor de base de datos.
- Math: gestor de fórmulas matemáticas.

Hay paquetes ofimáticos que trabajan con Internet para ubicar los archivos en la nube como, por ejemplo, Office 365, que permite sincronizar los archivos locales con una ubicación en Internet.

4.3.3. Instalación desde un CD

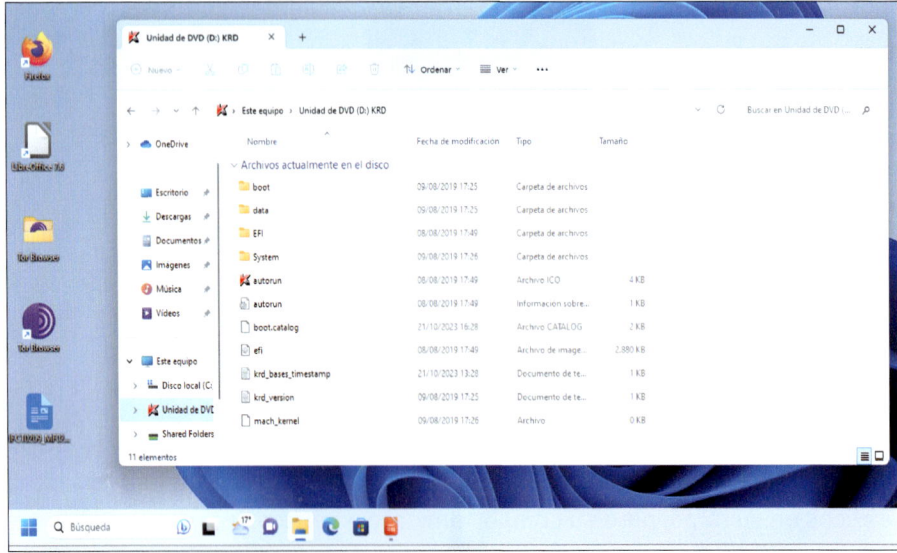

Fig. 4.8.

El proceso de instalación desde un CD o DVD es bastante sencillo. Es posible que tengamos descargado, desde Internet, un archivo ISO para realizar instalaciones desde CD o DVD. Si hemos descargado un archivo ISO, debemos preparar un CD o DVD para grabar todos los archivos que están comprimidos en dicho archivo.

Podemos utilizar aplicaciones informáticas como Nero o el propio sistema de grabación de Windows.

En la figura 4.10 observamos el conjunto de archivos y carpetas o directorios que tiene un DVD de instalación; en este caso, de un sistema operativo.

Es habitual que haya, al menos, dos archivos muy significativos. El primero es el archivo AutoRun.inf que, cuando el sistema operativo busque el programa de autoarranque del CD o DVD, será el encargado de indicar qué programa es el que debe lanzar o ejecutar el sistema operativo de forma automática.

¿En qué consiste dicho archivo? Este archivo es editable y suele contener una serie de líneas como las indicadas a continuación:

[AutoRun.Amd64]
open=setup.exe
icon=setup.exe,0

[AutoRun]
open=sources\SetupError.exe x64
icon=sources\SetupError.exe,0

Y otro archivo importante es el instalador que normalmente se llamará Setup. exe o Install.exe o sus variantes en español. En este caso, se omite.

4.3.4. Instalación desde Internet

El proceso de instalación desde Internet tiene tres vías, pero en todas ellas hay un elemento común, solo se descarga un archivo. Por un lado, podemos descargar un archivo comprimido y, habitualmente, se extrae todo su contenido en un directorio o carpeta desde el que se lanzará el programa de instalación.

También es muy común que desde sitios web que proporcionan soporte, por ser proveedores de cierto *hardware* como impresoras, utilicen el mismo método: bajar un archivo, descomprimirlo en un directorio y ejecutar un ejecutable.

Otro proceso de instalación desde Internet consiste en bajar un archivo con más o menos peso, lanzar o ejecutar el programa que se pone en comunicación con un servidor, desde el cual termina de descargar los archivos necesarios para continuar con la instalación. Como ejemplos citaremos los navegadores Firefox y Chrome.

Y, por último, se descarga un archivo comprimido en formato ISO para copiar en un CD o DVD, que permitirá instalar la aplicación independientemente de tener comunicación con Internet. Eso sí, necesitaremos un CD, DVD o *pendrive,* si queremos que arranque desde un *pendrive.*

El lector puede tomar como referencia lo expuesto en el apartado 4.3.3.

4.3.5. Utilización de asistentes en la instalación

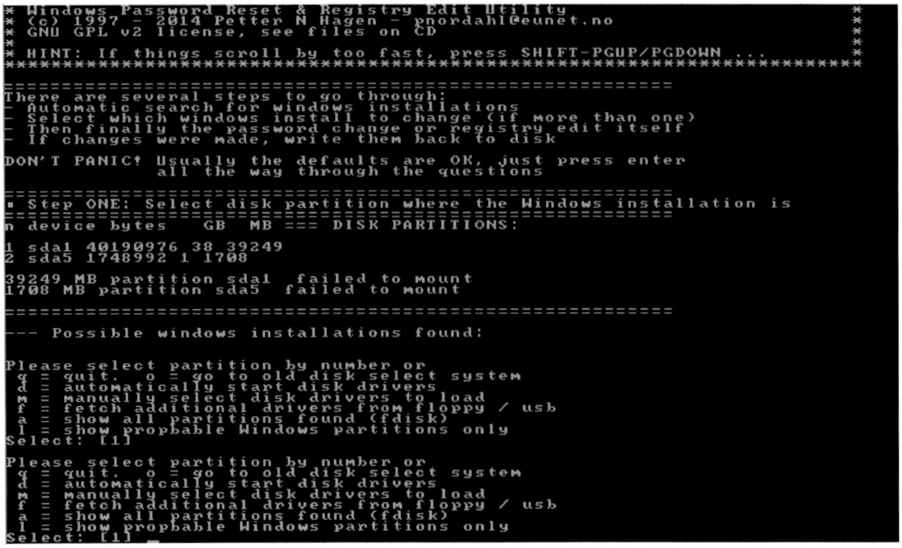

```
* Windows Password Reset & Registry Edit Utility          *
* (c) 1997 - 2014 Petter N Hagen - pnordahl@eunet.no        *
* GNU GPL v2 license, see files on CD                       *
* HINT: If things scroll by too fast, press SHIFT-PGUP/PGDOWN ... *
*******************************************************************

=====================================================
There are several steps to go through:
- Automatic search for windows installations
- Select which windows install to change (if more than one)
- Then finally the password change or registry edit itself
- If changes were made, write them back to disk
DON'T PANIC! Usually the defaults are OK, just press enter
             all the way through the questions
=====================================================
= Step ONE: Select disk partition where the Windows installation is
n device bytes     GB  MB === DISK PARTITIONS:
1 sda1 40190976 38 39249
2 sda5 1748992 1 1708

39249 MB partition sda1  failed to mount
1708 MB partition sda5  failed to mount
=====================================================
--- Possible windows installations found:

Please select partition by number or
q = quit.  o = go to old disk select system
d = automatically start disk drivers
m = manually select disk drivers
f = fetch additional drivers from floppy / usb
a = show all partitions found (fdisk)
l = show probable Windows partitions only
Select: [1]
Please select partition by number or
q = quit.  o = go to old disk select system
d = automatically start disk drivers
m = manually select disk drivers
f = fetch additional drivers from floppy / usb
a = show all partitions found (fdisk)
l = show probable Windows partitions only
Select: [1]
```

Fig. 4.9.

Hoy en día, debido al auge del entorno gráfico, todos los procesos de instalación se realizan mediante cuadros de diálogo. A medida que el usuario va tomando decisiones en cuanto a las cuestiones y/o características que se le plantean, el asistente salta de un cuadro de diálogo a otro. A esta forma de realizar una instalación se la denomina "asistente de instalación".

¿Todos los asistentes de instalación se dan en entornos gráficos? No, existen, aunque pocos, asistentes de instalación en entornos consola. El problema es que en estos entornos no se puede utilizar el ratón. Están pensados más bien para servidores. Permiten acceso remoto en modo texto, por ejemplo, mediante SSH, pero, como su entorno es en modo texto, a la hora de instalar una aplicación guiada solo se puede realizar mediante órdenes o una asistencia textual.

En la figura 4.12 se ha puesto en funcionamiento un *software* de cambio de clave para sistemas operativos Windows. En la imagen aparecen dos menús consecutivos. El primero ya tiene la opción deseada y, como resultado, aparece el segundo. Y todo está en formato consola.

La ventaja de utilizar un asistente en modo gráfico es la posibilidad de usar el ratón con mayor naturalidad, ya que hoy en día nos resulta más sencillo. Sin embargo, la ventaja del modo consola es la rapidez con la que se producen los resultados para las acciones solicitadas.

4.3.6. Archivos comprimidos

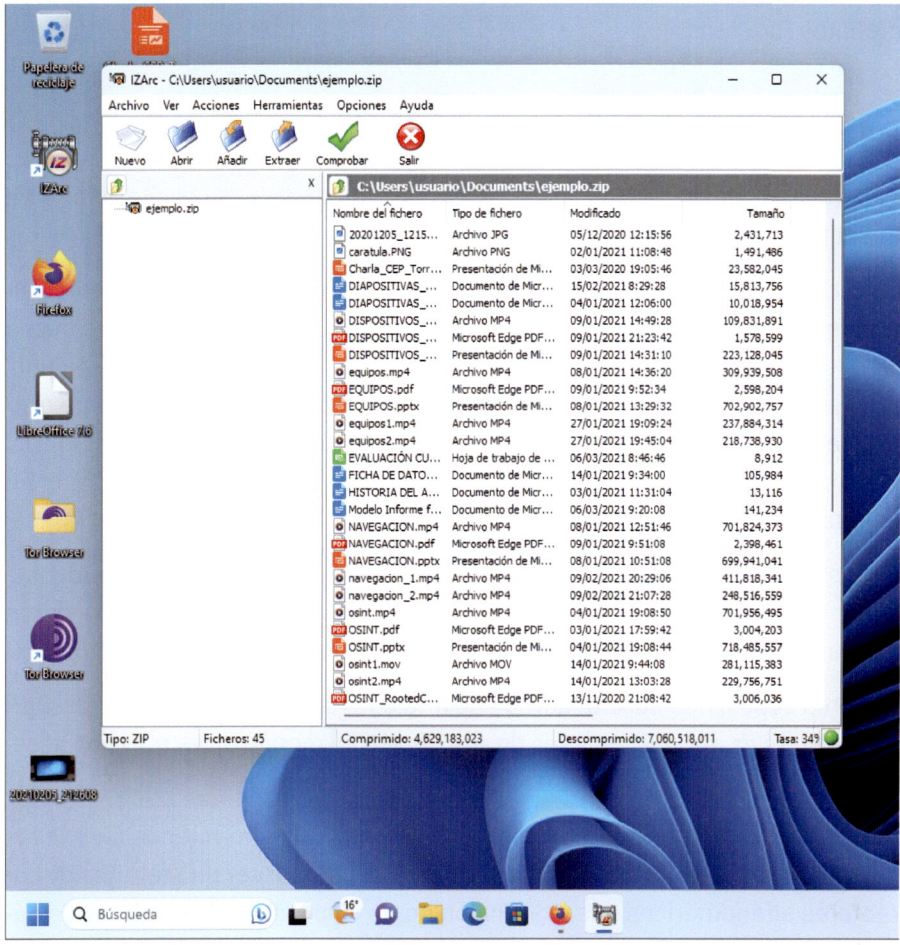

Fig. 4.10.

Este tipo de archivos comprimidos para realizar instalaciones es muy habitual en entornos de sistemas operativos Linux (sin contar con instalaciones a través de repositorios).

Si el lector recuerda, también en el apartado 4.3.4 se han mostrado casos en que se lanza un archivo ejecutable que descomprime una serie de archivos que utilizará en una instalación posterior.

Por ejemplo, en sistemas operativos Linux, si accedemos a la web de un conocido cliente de FTP (Filezilla - https://filezilla-project.org/), podremos descargar un archivo. Este archivo está en formato comprimido, por lo cual, si deseamos instalarlo, deberemos descomprimirlo en nuestro disco.

En la figura 4.10 se muestra, a modo de ejemplo, una aplicación, IZArc (https://www.izarc.org), que permite comprimir y descomprimir archivos en distintos formatos.

4.3.7. Activación y registro de aplicaciones

Dependiendo de qué aplicaciones estemos instalando, nos solicitará registro y/o activación de la aplicación.

En el caso de un registro, el proveedor quiere tener, de alguna manera, un control de los usuarios que utilizan su producto para poder realizar estadísticas de estudio de uso de esa aplicación. No tiene por qué conllevar coste alguno. Por ejemplo, el paquete ofimático OpenOffice (https://www.openoffice.org/es/), en la primera ejecución, solicita registrarse; no es obligatorio, por lo cual el usuario puede saltarse este cuadro de diálogo. Pero el lector debe tener en cuenta que solo sucede en esta aplicación.

Puede darse el caso de que una aplicación requiera un registro para poder acceder a las funcionalidades de la aplicación. Por ejemplo, nos solicita datos personales en los que suelen incluir el correo electrónico.

En otros casos, nos solicita darnos de alta o registrarnos para poder descargar un archivo, aunque este sea de evaluación. El motivo no es otro que acceder a nuestros datos para realizar marketing *a posteriori.*

Respecto a la activación, es un proceso que nos debe permitir acceder a las funcionalidades de la aplicación adquirida. Esta puede ser una retahíla de caracteres alfanuméricos que, en función de un algoritmo o de una base de datos, la aplicación asuma que es una licencia válida y, a partir de ese momento, acceder a las funcionalidades de la aplicación. Por el contrario, si no disponemos de la licencia, la aplicación no será más que un conjunto de archivos inútiles.

Hay excepciones, como WinRAR, en las que podemos acceder a las funcionalidades de la aplicación, pero nos avisa de que tenemos una versión de evaluación.

4.3.8. Desinstalación de aplicaciones

Las aplicaciones informáticas se instalan en los dispositivos, pero ¿cómo se hace la desinstalación? Dependiendo del sistema operativo en el que se haya instalado y cómo se instaló.

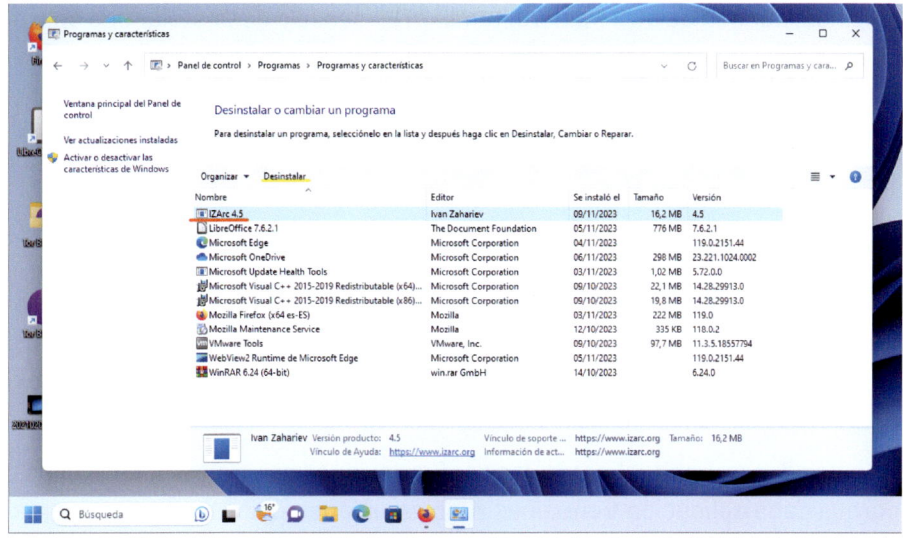

Fig. 4.11.

En **Windows**, prácticamente todas las aplicaciones guardan una referencia para dar la posibilidad de desinstalar una aplicación.

Lo habitual es utilizar uno de los dos siguientes métodos:

- Si la aplicación ha dejado un programa desinstalador, deberemos acceder, desde el menú **Inicio** a las opciones de la aplicación, seleccionar el programa que estará identificado como **Desinstalar** y proceder.

- Otra manera de desinstalar es, a través de **Panel de control**, **Programas y características**, seleccionamos la aplicación y, en la parte superior del panel, pulsamos **Desinstalar**. Vemos un ejemplo en la figura 4.11, donde se marca la aplicación IZArc y aparece la posibilidad de desinstalarla.

En ocasiones, encontraremos que, cuando se ha desinstalado de forma errónea una aplicación, aparece como aplicación para desinstalar, pero no podemos desinstalarla. Esto es debido a un fallo en la ejecución del programa o a un simple apagón del equipo que, al no terminar de ejecutarse, deja basura de la aplicación tanto en el disco como en el registro del sistema. Para eliminar la basura, no normal será buscar el directorio o carpeta de todos los archivos y borrarlos. Además, deberemos buscar referencias en el registro mediante la orden REGEDIT y, también, eliminarlos.

Otra opción es volverlo a instalar para que vuelvan a existir todos los programas y archivos y, de nuevo, proceder a su desinstalación.

En Linux, aunque de otra manera, también es sencillo desinstalar una aplicación. La diferencia con Windows es que hay dos maneras guiadas de desinstalar: una a través de un gestor de paquetes como Synaptic de Debian o con el gestor en modo comando 'apt-get remove' *software* en Debian.

4.4. Configuración de aplicaciones ofimáticas más comunes

Aunque la configuración básica de cualquiera de las aplicaciones de un paquete ofimático tiene una configuración por defecto, en ocasiones (o casi siempre) queremos afinar la configuración o adaptar la configuración a nuestro gusto o a nuestras necesidades.

En estos casos, habitualmente, las configuraciones generales no son válidas, porque cada aplicación tiene unas funcionalidades únicas y diferentes respecto de las otras. Es verdad que pueden integrarse elementos en los documentos (recordar la incrustación, en documentos del procesador de textos, de una hoja de cálculo y de personalización enlazando con una base de datos), pero las configuraciones deben plantearse de manera separada por la peculiaridad de la aplicación en sí.

4.5. Procedimientos de prueba y verificación

Los procedimientos de prueba y verificación de cualquier programa son primordiales. Su objetivo es intentar, en la medida de lo posible, minimizar los riesgos que puedan producirse en el negocio u organización cuando se implantan nuevas tecnologías debido a su uso correcto.

Una vez realizadas las pruebas de un programa de forma exitosa, es necesario dar a los programas un mantenimiento con el fin de garantizar su buen funcionamiento cuando sea necesario.

El impacto de la aplicación sobre la organización dependerá del nivel de uso y manejo de información sensible que procese. De ahí que se debe tener especial rigor en la realización de las pruebas y verificación de estos programas.

Este proceso de prueba y verificación de toda la aplicación debe realizarse con el rol de usuario. En el caso de que la aplicación sea de la propia organización, debe conocerse en qué estado se encuentra para saber con detalle las medidas preventivas que deben tomarse y qué protocolos de actuación se requerirán ante un fallo o error en la aplicación.

Así, si la aplicación no está aún en producción, los usuarios de la organización deberán abstenerse de utilizar la aplicación para procesar información sensible. Podrán realizarse trabajos del negocio, pero siempre duplicando la información, ante la posibilidad de un fallo del sistema que obligue a revisar la información procesada y los datos resultantes de las operaciones.

En principio, las aplicaciones listas para producción serán, por principio, las más fiables en el momento de procesar información y obtener resultados del proceso. Aun así, deben realizarse pruebas de funcionamiento y verificación de resultados por miembros de la organización cuyo objetivo no sea otro que obtener un grado de fiabilidad, como mínimo, aceptable para continuar utilizando la aplicación.

4.5.1. Componentes instalados

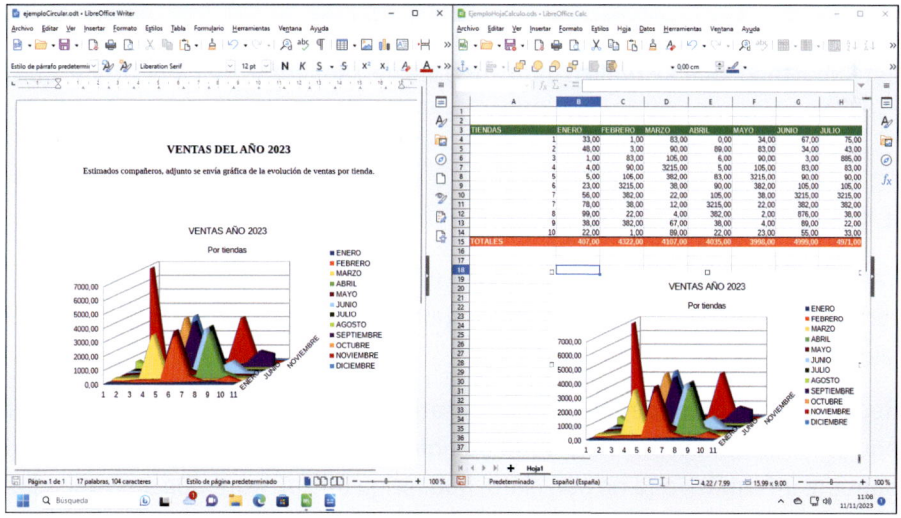

Fig. 4.12.

Todos los miembros de la organización que trabajarán, como usuarios, con la aplicación deben conocer qué módulos instala la aplicación y cuáles son las funciones, dentro de la aplicación, que cumplen.

Estamos tratando la aplicación típica que suele instalarse en todos los ordenadores de uso común, un paquete ofimático. En anteriores apartados hemos mencionado que el paquete ofimático instala una serie de componentes o aplicaciones que tienen, cada uno, una función distinta. Así, el procesador de texto tiene la funcionalidad de creación y manipulación de documentos, la hoja de cálculo tiene la funcionalidad matemática, el presentador de diapositivas la funcionalidad de creación, manipulación y presentación de diapositivas, etc.

Sin embargo, el usuario debe saber que los objetos generados con una de las aplicaciones pueden ser compartidos por otra y aprovechar los recursos de una aplicación para utilizarla en otra.

Pongamos un ejemplo, hemos realizado una hoja de cálculo con datos de una organización sobre la evolución de las ventas en un año. Con estos datos, en la propia hoja de cálculo hemos generado una gráfica. Queremos enviar a todos los trabajadores un documento con información de la evolución de las ventas. En el momento de construir el documento con esa información, crearemos la literatura del documento, insertaremos el objeto gráfico generado con la hoja de cálculo y, además, enlazaremos con la base de datos que contiene los registros de todas las personas a quienes queremos enviar el documento.

En la figura 4.12 el lector puede hacerse una idea del ejemplo expresado en este apartado, que se realizó utilizando las herramientas de Libre Office. Pero también se puede realizar con Office de Microsoft, por ejemplo Office 365.

4.5.2. Acceso a recursos propios

Las pruebas de funcionamiento tienen un apartado muy importante en la interactuación entre el conjunto de componentes del paquete informático y el sistema operativo que lo soporta.

Recordará el lector que el sistema operativo es el *software* base de cualquier equipo informático. Sin él no sería posible interactuar entre el *hardware* y el paquete informático (a no ser, claro, que tenga un *software* que sustituya las funcionalidades del sistema operativo).

El equipo informático, aparte del *hardware* del propio ordenador, tiene dispositivos conectados a este. El sistema operativo es el encargado de gestionar todos los recursos del equipo para lo cual debe tener instalados los controladores *software* de cada uno de los dispositivos. Estos recursos están disponibles para todos los programas que tengan autorización para ello.

El sistema operativo, entre otras funciones, tiene la de controlar las autorizaciones tanto para los usuarios como para las aplicaciones.

En el caso de que un usuario del sistema desee utilizar los recursos propios del equipo, primero debe estar autorizado y, además, la propia aplicación.

¿Qué recursos propios son los más comunes? Los dispositivos de almacenamiento masivo (disco duro, CD/DVD, lápices de memoria, etc.), impresora, escáner, etc.

Por ejemplo, si deseamos imprimir un documento, debemos asegurarnos de que la aplicación reconoce el dispositivo y puede realizar la acción de interactuar con el sistema operativo para conseguir el objetivo de imprimirlo.

Esta será una de las pruebas y verificaciones que debemos realizar, que la aplicación puede acceder a los recursos del equipo donde se ejecuta.

4.5.3. Acceso a recursos compartidos

En un entorno de red debemos conocer, sin ejecutar la aplicación, los recursos accesibles para el usuario. Por ejemplo, si hay recursos compartidos de almacenamiento masivo, como una unidad lógica referenciada en una zona de un disco duro de un servidor; o si tenemos disponible una impresora remota como impresora local. Un caso práctico podría ser un servidor que tiene conectadas varias impresoras y pone a disposición de usuarios autenticados.

El usuario del equipo debe comprobar, mediante una sencilla batería de pruebas si la aplicación objeto de la prueba reconoce estos dispositivos externos y puede: grabar, modificar documentos, imprimirlos, etc.

El lector puede observar un ejemplo de recursos compartidos en la figura 4.13.

ACTIVIDADES

4.1. El proceso de instalación de una aplicación informática solo se puede realizar en sistemas operativos Windows.

    a. Verdadero.

    b. Falso.

4.2. ¿Cuál es la diferencia más destacable en la instalación de una aplicación informática?

    a. En Linux solo se puede instalar una aplicación mediante compilación de la distribución de Linux que se utilice.

    b. Las aplicaciones para Windows son compatibles con sistemas Windows.

    c. En Windows se requiere que la aplicación informática tenga un instalador incorporado.

    d. No hay ninguna diferencia en la instalación.

4.3. ¿Qué tipo de aplicaciones son compatibles en cualquier plataforma?

    a. Aplicaciones web.

    b. Aplicaciones Java.

    c. Aplicaciones web y aplicaciones Java.

    d. No hay ninguna compatible.

4.4. ¿Qué componente no corresponde a una aplicación?

    a. Controlador *software*.

    b. Interfaz de usuario.

    c. Está compuesta por uno o más programas.

    d. Software de soporte y ayuda.

4.5. ¿Qué es la interfaz de una aplicación informática?

    a. Es un módulo del sistema operativo (GUI - *Graphical User Interface*).

    b. Es un módulo a través del cual puede comunicarse con la propia aplicación informática.

    c. Un módulo del sistema operativo que realiza labores de intermediación entre la aplicación informática y el usuario.

    d. Ninguna de las respuestas anteriores es correcta.

4.6. Una aplicación informática actúa en modo consola. ¿Puede tener interfaz?

  a. Sí, puede tenerla mediante menús.

  b. Sí, siempre y cuando tenga rutinas que enlace con un entorno gráfico.

  c. No, las aplicaciones informáticas en modo consola no tienen interfaz. Trabaja con órdenes.

  d. No, en cualquier caso.

4.7. El distribuidor de una aplicación informática debe...

  a. Entregar solo la aplicación informática.

  b. Solo entregar la aplicación informática y dar soporte mediante un pago anual.

  c. Entregar solo la aplicación informática y sus actualizaciones anuales.

  d. Proporcionar un manual de usuario.

4.8. Los manuales de usuario se entregan en...

  a. Papel.

  b. Archivos digitales.

  c. Sitio web.

  d. Cualquiera de los soportes mencionados por separado o combinación de estos.

4.9. ¿Qué tipo de lenguaje debe utilizarse en los manuales de usuario?

  a. Lenguaje coloquial.

  b. Lenguaje técnico.

  c. Código fuente de los programas.

  d. Lenguaje de la calle.

4.10. ¿Qué podemos hacer, en Windows, para prevenir un desastre en la instalación de una aplicación informática?

  a. Guardar los datos de las aplicaciones que tengamos abiertas.

  b. Crear un punto de restauración.

  c. Crear un directorio de restauración.

  d. No hace falta hacer nada. El sistema se recupera solo.

4.11. En sistemas operativos Linux, ¿qué herramienta es similar a Crear un punto de restauración?

a. Systemback.

b. Backsystem.

c. Hardinfo.

d. Kernel.

4.12. En Linux existe una base de datos de registro igual que en Windows.

a. Verdadero.

b. Falso.

4.13. ¿Qué afirmación es errónea? La responsabilidad por utilizar *software* ilegal es de…

a. Hasta un año de prisión o multa de doce a veinticuatro meses.

b. Inhabilitación de hasta cinco años para el ejercicio de la industria o comercio.

c. Absolución si se justifica el motivo de tal acción.

d. Disolución de la persona jurídica (negocio).

4.14. La verificación de que la aplicación es legal la genera la propia aplicación.

a. Verdadero.

b. Falso.

4.15. ¿Cómo podemos saber si un producto comprado en una tienda es auténtico?

a. Mediante un sello que represente un certificado de autenticidad o COA.

b. Contiene una pegatina de la empresa.

c. En el CD/DVD está el número de licencia.

d. Hay un manual de usuario.

4.16. ¿Cómo se actualiza una aplicación?

a. De forma oculta.

b. Se comunica con su servidor de referencia y notifica al usuario si desea actualizar.

c. Se actualiza de forma transparente al usuario.

d. Se actualiza mediante archivos que se envían al correo electrónico del usuario.

4.17. Un procesador de texto es…

    a. Una aplicación informática.

    b. Una aplicación informática integrada en el paquete del sistema operativo.

    c. Una aplicación informática gratuita que se puede descargar de Internet.

    d. Una aplicación informática de pago que se entrega junto con el ordenador en el momento de la compra.

4.18. Una hoja de cálculo es…

    a. Un documento cuadriculado.

    b. Un documento con funcionalidad similar a un procesador de texto.

    c. Un tipo de documento compuesto, en forma de tabla, con celdas que permiten manipular datos numéricos y alfanuméricos dispuestos de forma organizada.

    d. Ninguna de las respuestas anteriores es correcta.

4.19. Una aplicación informática de presentación de diapositivas permite capturar las diapositivas antiguas para mostrarlas en el ordenador.

    a. Verdadero.

    b. Falso.

4.20. Un paquete ofimático suele tener incluido…

    a. Un procesador de texto y una hoja de cálculo.

    b. Un procesador de texto.

    c. Un procesador de texto y un visor de diapositivas.

    d. Un procesador de texto, una hoja de cálculo y un visor de diapositivas como mínimo.

PRÁCTICA

Acceder a Internet y descargar LibreOffice, https://es.libreoffice.org. Instalar y realizar distintas pruebas de funcionamiento y compatibilidad con Office de Microsoft.

Como ejemplo, crear un documento incluyendo imágenes y formatos, y grabarlo con compatibilidad para Office.

De igual manera, comprobear hasta qué versión de Office es posible la compatibilidad con Libre Office.

5. Diagnóstico y resolución de averías *software*

Contenido

Las averías en los ordenadores pueden ser el resultado de una o múltiples causas. La causa puede ser el fallo de algún componente *hardware* del equipo o el fallo puede deberse a un problema en el *software*.

En la vida útil de un ordenador, la mayoría de los fallos son producidos por un mal funcionamiento del *software*. Cuando se habla de *software,* se refiere a todo aquello del ordenador que no son componentes electrónicos. Es decir, *software* es el sistema operativo, los controladores *software* que gestionan el sistema operativo, las aplicaciones y programas instalados en el ordenador, etc.

El lector entenderá que, seguramente, los problemas *software* serán los que ocurrirán con mayor facilidad en un ordenador por una aplicación informática incompatible con el sistema soporte, incompatibilidad con algún controlador de un dispositivo, fallo en algún elemento de una aplicación informática, virus, *malware*, etc.

Es decir, en la mayoría de las ocasiones, el técnico informático o usuario deberá realizar una valoración de qué elemento es el que está dando problemas. Y, una vez detectado, proceder a intentar restablecer el funcionamiento a un punto óptimo (según sus características).

En ocasiones, no se tiene claro que la avería provenga del *hardware*. En cualquier caso, debemos comprobar, por ahorro de tiempo, si el estado del equipo, en cuanto al *software*, es el correcto para su normal desarrollo.

Hay veces en las que el diagnóstico es tan claro que reúne todos los requisitos para ser un fallo *hardware*. Por ejemplo: no arranca el ordenador; arranca, pero la BIOS o UEFI no detecta el dispositivo de arranque del sistema operativo (disco duro); no enciende el monitor, etc.

5.1. Metodología para la resolución de problemas

Igual que cualquier otro electrodoméstico de una casa, debemos observar qué aspectos han cambiado para que nosotros pensemos que hay una avería, en qué momento se ocasiona y después de qué acción realizada se produce.

En el trabajo con un ordenador, hay varios momentos claramente diferenciados:

- Cuando encendemos el ordenador.
- Cuando el sistema operativo arranca.
- Cuando el sistema operativo carga en memoria los procesos de inicio: núcleo del sistema operativo, antivirus, etc.

- Cuando tenemos planeada la ejecución de una aplicación informática y/o proceso.

- Cuando iniciamos sesión como usuario.

- Cuando ejecutamos una aplicación.

- Cuando trabajamos con dicha aplicación.

- Cuando cerramos la aplicación.

- Cuando cerramos sesión de usuario.

- Cuando apagamos el ordenador.

Básicamente, estas son todas las acciones que realizamos con un ordenador. En cualquiera de estos momentos puede producirse un malfuncionamiento debido a: ralentización del *software* o, directamente, no funcionamiento de este.

¿Qué fallos pueden producirse en los instantes mencionados?

- El sistema operativo tarda mucho en iniciar y/o cerrar.

- El ordenador resuelve las peticiones muy lentamente o va más lento de lo habitual.

- El navegador web abre muchas ventanas emergentes de publicidad cuando navego por Internet.

- El sistema operativo se para de forma inesperada.

- El ordenador se reinicia o apaga solo.

- El ordenador enciende, pero no hay vídeo en el monitor.

- Al encender el ordenador, el sistema operativo muestra un mensaje de cierre inesperado y ofrece varias opciones para realizar distintas acciones.

- Pantalla negra con la siguiente leyenda o similar: *Invalid/no system disk error*.

- No enciende el ordenador.

- El vídeo se queda congelado.

- El monitor muestra vídeo pixelado.

- Pérdida de información y/o archivos dañados.
- El vídeo se ve amarillo, azul o verde.
- El equipo se congela.
- La página de inicio o el buscador del navegador cambió solo.
- No funciona una aplicación.
- Aparecen pantallas de error, los programas se bloquean y se cierran.
- El sistema se detiene después de instalar un programa o una aplicación.
- No se reproduce sonido alguno.
- Muestra un pantallazo azul.

De todos estos fallos, la gran mayoría son producidas por algún elemento *software*. Bien por el sistema operativo, bien por cualquier otra aplicación informática.

5.1.1. Documentación

En cualquier domicilio, cuando se compra un electrodoméstico, adquirimos no solo el producto manufacturado, sino también otros aspectos que influyen en la puesta en marcha, mantenimiento y resolución de problemas. Es el manual de usuario. En dicho manual es común encontrar distintos epígrafes como instalación del aparato, puesta en marcha, distintas funcionalidades del aparato, casos de mal funcionamiento, posible resolución de problemas y contacto técnico.

En el caso de los equipamientos informáticos, resulta que no es un producto, sino que podemos adquirir infinidad de productos. Por ejemplo, en un equipo normal, tendremos un producto que denominamos ordenador, un sistema operativo, un antivirus, un paquete ofimático, un navegador web, etc.

Todos ellos son productos diferentes con un manual de usuario en soporte de papel o electrónico. Sin embargo, estos productos tienen soporte en Internet, bajo la forma de página web del proveedor, FAQ (*Frequently Asked Auestions* - 'preguntas frecuentes'), foros, chat, etc. (Hoy en día muchos fabricantes de electrodomésticos también soportan esta posibilidad).

5.1.2. Ayuda y soporte técnico en la web

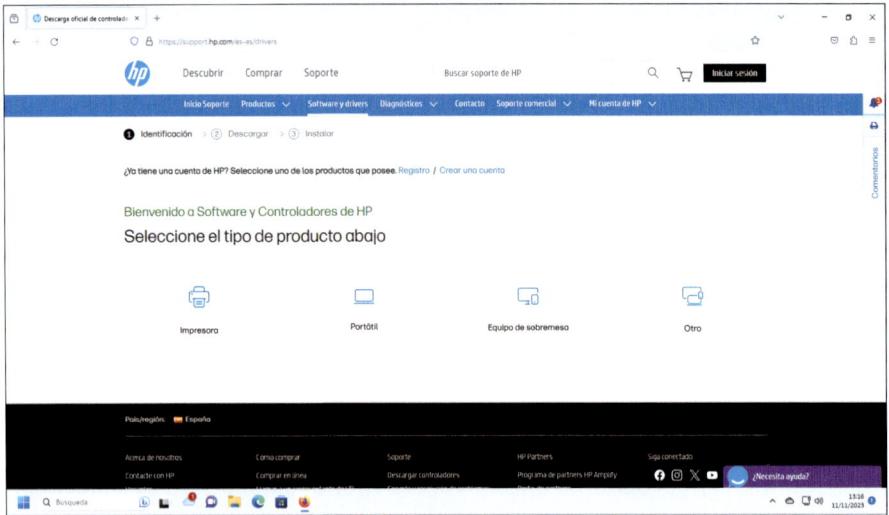

Fig. 5.1.

Como se ha mencionado antes, es una práctica habitual que gran parte de los productos que tienen cierta complejidad a la hora de operar con ellos tenga un soporte vía web a través de la página del productor o proveedor del producto. Con más razón aquellos productos que están relacionados con la informática.

En ocasiones, el soporte se limita a una ayuda sobre la instalación de un producto, su configuración o a resolver alguna duda respecto al producto y sus funcionalidades.

Ha pasado el tiempo en el que la ayuda o manual de usuario era un auténtico libro por el número de páginas que contenía. Este tipo de manuales requería un tiempo excesivo para leer y entender los prolegómenos y las bondades del producto adquirido.

Hoy en día, los manuales son pequeños, muy centrados. Y, cuando no entendemos algo en concreto, accedemos al soporte para que nos aclare un punto o apartado determinado.

Tomemos como ejemplo la figura 5.1. Se ha accedido a la web en español de una empresa de reconocido prestigio en el mundo de la informática como es Hewlett Packard (HP). Si observamos la imagen, el lector verá en la parte superior de la página web un enlace **Soporte** que, una vez pulsado, accede a su página de **Software y drivers,** donde aparecen los distintos soportes que ofrece la empresa.

Una vez que sabemos qué tipo de soporte necesitamos, accedemos al enlace.

Si lo que deseamos es una ayuda o aclaración (no tiene por qué ser avería), podemos realizar una llamada telefónica, recurrir al soporte *online* o a cualquier medio que nos ofrece el proveedor.

5.1.3. Foros, blogs, comunidades, etc

En ocasiones, el proveedor no ofrece las explicaciones adecuadas a nuestras consultas. Esto es así porque puede existir una deficiencia en el idioma o lenguaje utilizados, en las expresiones empleadas, etc.

¿Qué podemos hacer? Podemos buscar en Internet páginas alternativas a las ofrecidas por el proveedor. Seguramente habrá algún otro usuario al que le hayan podido ocurrir las mismas circunstancias que a nosotros o parecidas. Podremos leer sus experiencias, cómo afrontaron su resolución y si esta fue satisfactoria.

¿Qué tipo de páginas podemos encontrar?

- **Comunidades virtuales**: aunque en principio la idea es ser una comunidad con intereses y/o aficiones comunes, es un método utilizado por proveedores de productos y/o servicios, y mantenido por ellos mismos. Tienen el formato de foro y suelen estar patrocinadas por la propia marca del producto del que necesitamos soporte. Los usuarios registrados pueden preguntar y aportar posibles soluciones. En caso de que ningún usuario dé una respuesta, un miembro del soporte (habitualmente) dará con una posible respuesta o preguntará por detalles de la consulta porque la cuestión no le ha quedado clara. Suele tener la posibilidad de indicar si la respuesta gusta o no. Hemos de tener en cuenta que la comunicación con los miembros de la comunidad no se produce en tiempo real, sino que se realiza de forma asíncrona: debemos esperar a que la consulta sea leída por miembros de la comunidad y volver cada cierto tiempo para comprobar las respuestas.

- **Foro**: es una aplicación web en Internet, la cual es un sitio de discusión virtual sobre temas diversos, donde las personas publican mensajes alrededor de un tema o hilo, o bien donde nosotros mismos (si nos da la posibilidad de hacerlo) creamos un tema. De esta forma, se crea un hilo de conversación jerárquico mediante pregunta-respuesta. Dicha aplicación suele estar organizada en categorías y, dentro de estas, se encuentran los temas de discusión.

- **Blog o bitácora web**: es un sitio web que incluye, como si fuera un diario personal de su autor o autores, contenidos de su interés, actualizados con frecuencia y a menudo comentados por los lectores. Normalmente está organizado por fechas, temas o, de manera más reciente, sopa de letras o etiquetas, relevantes a criterio del autor, con los enlaces a aquellas páginas de las que tratan. Es una alternativa al soporte como tal porque, gracias a las experiencias de estos autores, podemos resolver más rápidamente situaciones más o menos problemáticas con las que nos encontramos en el momento de instalar un producto informático, con un fallo en el uso o con una consulta técnica para mejorar nuestra experiencia con el producto («Quisiera hacer…», «Cómo hacer…»). El formato de blog ha ido evolucionando en el sentido de que, aparte de ser diario, puede compatibilizarse con la estructura de un sitio web o página de Internet.

- **Vídeos** *online*: otra alternativa es la que nos ofrecen los canales de vídeo (YouTube, Vimeo, etc.), donde los usuarios graban sus experiencias con productos, en general, que pueden ser de nuestro interés, y donde podemos observar, paso a paso, la realización de alguna tarea sobre la que tenemos duda de cómo hacerla. A este tipo de soporte bien podríamos llamarlo *videoblog*.

- **Chat** *online*: algunas organizaciones tienen habilitado un sistema de consulta *online* denominado *webchat*. Es una manera rápida de consultar dudas y que estas sean respondidas en tiempo real. Para ello, la organización dispondrá de un técnico al otro lado del chat. Es inmediato, pero normalmente está limitado a unas determinadas horas.

5.2. Programas de diagnóstico

Los programas de diagnóstico son herramientas o utilidades que nos permiten evaluar el estado de un equipo, tanto de *hardware* como de *software*.

Aunque el sistema operativo tiene herramientas para detectar determinadas anomalías, estas no son aptas para aquellas personas que tienen un nivel de conocimientos informáticos entre usuarios.

Una buena opción son programas de terceros que, aunque nos ofrecen informaciones que podemos obtener con los del propio sistema operativo, nos permitirán conocer toda la información referente al *hardware* y *software*, procesos activos, licencias de aplicaciones, etc.

En la figura 5.2 podemos observar una de estas herramientas, AIDA64, que nos ofrece información del sistema de forma global. Como verá el lector, en la parte izquierda existe una barra de herramientas con distintas opciones más específicas: equipo (*hardware*), placa base, etc.

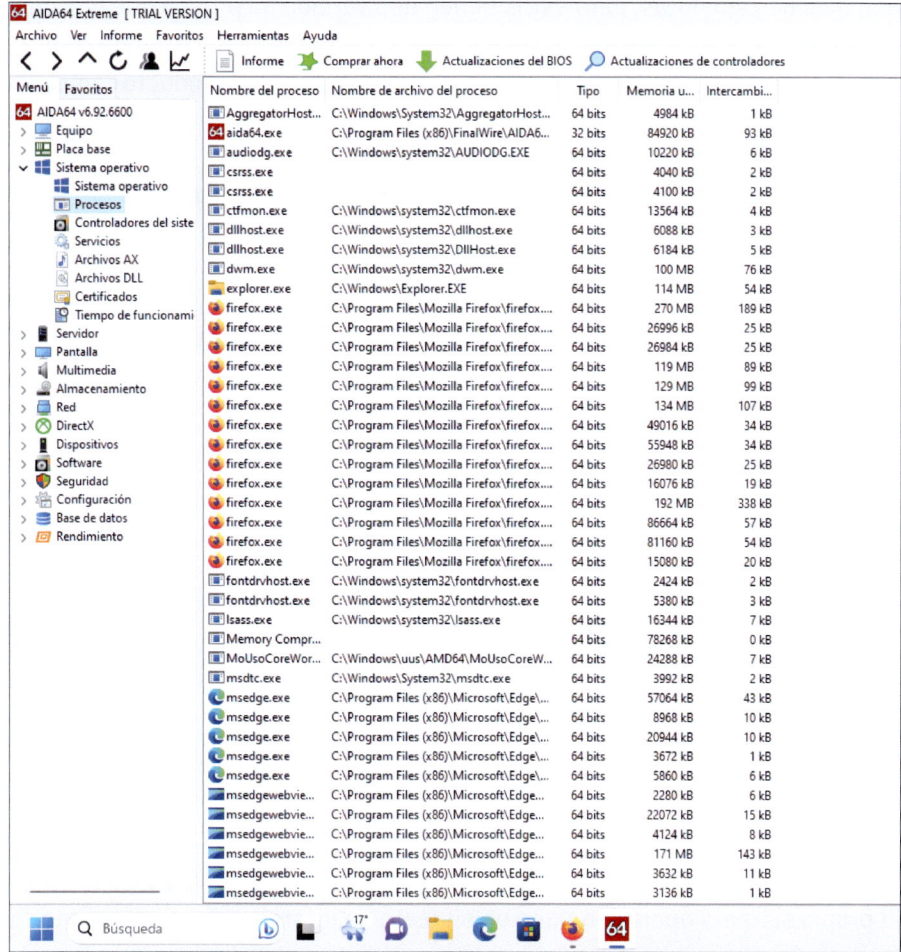

Fig. 5.2.

El autor le ofrece una serie de herramientas, para sistema operativo Windows, con las que el lector podrá experimentar (se recomienda la experimentación con emuladores de máquinas virtuales como VMware (https://www.vmware.com) o VirtualBox (http://www.virtualbox.org):

- System Spec (figura 5.2): http://www.alexnolan.net/*software*/sysspec.htm.

- Belard Advisor: http://www.belarc.com/es/free_download.html.

- CCleaner: http://www.piriform.com/ccleaner.

- PC Wizard: http://www.cpuid.com/*software*s/pc-wizard.html.

- SIW: https://www.gtopala.com/.

- AIDA64: https://www.aida64.com.

Hay más herramientas, pero estas tienen una versión de prueba que nos puede orientar sobre su potencial y nos permite, sin tomar la decisión de compra en algunos casos, valorar la conveniencia o no de adquirir el producto completo.

5.3. Configuración de informes de errores del sistema y de las aplicaciones

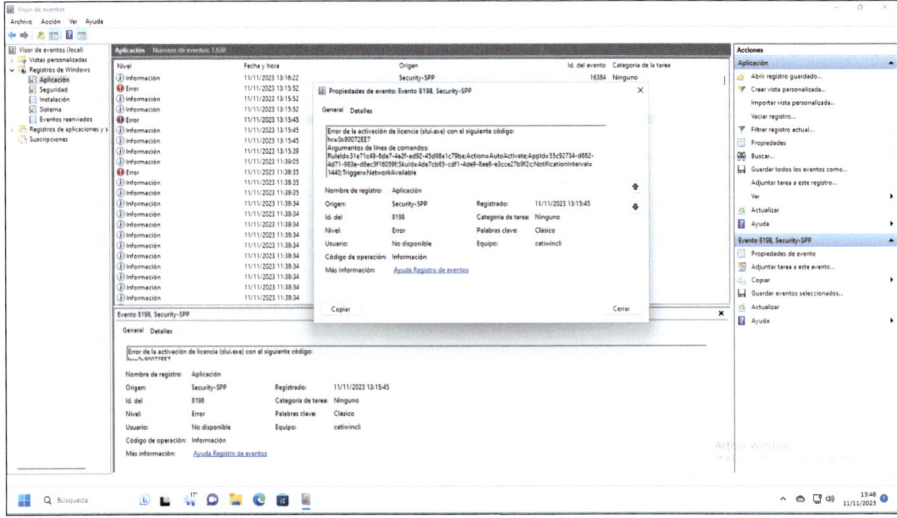

Fig. 5.3.

El propio sistema operativo tiene un sistema de informes de errores. Este se hace mediante una gestión de archivos de tipo *logs* donde se van realizando apuntes de todos los sucesos que ocurren en el sistema, bien sea fallos de *hardware* o *software*.

En el sistema operativo Windows 11, disponemos de una herramienta, visor de eventos, que nos permite estudiar y valorar el tipo de evento que se ha generado. El estudio del evento y su posterior valoración ha de producir una acción de mayor o menor entidad sobre el proceso implicado.

Por ejemplo, se genera un error y, del mensaje de error, se deduce que un parámetro de configuración afecta al normal funcionamiento de la aplicación informática implicada. El usuario o administrador, según sea el responsable, deberá rectificar la configuración para evitar, en lo sucesivo, errores por este motivo.

En la figura 5.3 el lector observará el visor de eventos en un sistema operativo Windows 11. A la izquierda del programa aparecen varios tipos de eventos.

En el ejemplo se ha escogido el registro de eventos de Windows y, de este, los registros de aplicación. Una vez seleccionado, se despliegan todos los sucesos ocurridos. Como muestra se visualiza un error generado en una aplicación instalada en el equipo. Una vez seleccionado el error, en la ventana inferior aparece la descripción del error y el motivo que lo ha generado. Y, si se quiere detalle, se pulsa dos veces el botón del ratón y aparece una ventana emergente con más detalles.

Nótese que Windows segrega los fallos en función de aplicación informática, seguridad en el sistema, de instalación de *software*, del sistema y eventos reenviados. El apartado de **Registros de aplicaciones y servicios** hace referencia al *software* de Microsoft.

Debes saber...

La palabra inglesa *log* equivale a la palabra *bitácora* en español. En la jerga informática hace referencia a los archivos donde se almacenan todos los sucesos: información, aviso o error leve y errores.

La mayoría de los *logs* se almacenan o despliegan en el formato estándar o texto plano (editable por cualquier programa de edición), el cual es un conjunto de caracteres para dispositivos comunes y aplicaciones. De esta forma, cada *log* generado por un dispositivo en particular puede ser leído y desplegado en otro diferente.

5.4. Identificación de los fallos

Uno de los principales problemas a la hora de realizar un diagnóstico es identificar, de manera fiable, qué es lo que está produciendo el fallo. Es relativamente fácil saber si el fallo está producido por la parte física del equipo informático o por la parte *software* del mismo. No siempre, en ocasiones pueden producirse fallos en un elemento del *hardware* (placa base, procesador, tarjeta de expansión, teclado, etc.) que nos puede hacer pensar que el fallo está en el *software*, concretamente en un controlador *software* dañado y viceversa.

En el momento en que se produce el fallo, debemos investigar qué lo está produciendo buscando en los archivos del sistema que se encargan de recoger todos los movimientos relevantes que tienen lugar en el sistema informático.

Si recuerda el lector, se puso como ejemplo el visor de eventos (en sistemas Windows) en el apartado 5.3 (figura 5.3). En este visor podemos observar los movimientos más relevantes con respecto al sistema y a las aplicaciones.

No obstante, hay fallos que son debidos a la propia negligencia del usuario que manipula el equipo informático.

En los siguientes epígrafes indicaremos los más típicos.

5.4.1. Pérdida de datos y de archivos

Es más habitual de lo que desearíamos el perder archivos mediante el uso y/o manipulación del sistema. En ocasiones son borrados accidentalmente; otras, producto de fatalidades como un apagón inesperado, durante el cual tenemos archivos abiertos que no se han cerrado bien.

El lector debe saber que, cuando se trabaja con archivos, hay elementos de los archivos que permanecen en la memoria por necesidades de la aplicación o programa que lo manipula. Es decir, en instantes dados hay datos "vivos" en la memoria y no guardados en un dispositivo de almacenamiento. De ahí que debamos cerrar adecuadamente las aplicaciones que manejan archivos, así como realizar un apagado del equipo informático de forma correcta y organizada. Conseguiremos que todos los archivos implicados se guarden con normalidad sin tener datos en la memoria RAM o la caché.

5.4.2. Inestabilidad del sistema

Cuando un sistema operativo no realiza las operaciones de forma normal y no hay un motivo que lo justifique, se dice que el sistema operativo se ha vuelto inestable.

En múltiples ocasiones no es realmente el sistema el que se vuelve inestable, sino algún proceso cargado en memoria que, al tomar el control del procesador, no se ejecuta de forma adecuada produciendo un cuelgue. Cuando excede el tiempo de ejecución sin que varíe el estado del proceso, el sistema operativo generará un error.

Hoy en día, los sistemas operativos suelen trabajar en lo que se denomina modo protegido.

En modo protegido hay cuatro niveles de privilegio, desde 0 a 3. El código del núcleo o *kernel* del sistema operativo necesita usar instrucciones privilegiadas, con lo cual se ejecutará en el nivel 0, y las aplicaciones del usuario se ejecutan normalmente en el nivel 3.

De ahí que si se produce algún error de procesos de programas no privilegiados no consideraremos que la inestabilidad se produce en el sistema, sino en la aplicación propietaria del proceso.

Será inestabilidad cuando se producen errores en procesos propios del sistema operativo o de alguno de sus programas.

5.4.3. Mal funcionamiento del sistema

La vida útil de un equipo influye en su eficiencia. Notaremos, con el tiempo, que el equipo se ralentiza en el momento de realizar cualquier tarea.

El mal funcionamiento no es exclusivo del sistema operativo que lo soporta. Este mal funcionamiento puede ser causado por daños en el *hardware* producidos, por ejemplo, por el polvo acumulado en los ventiladores, en la placa o en toda la circuitería en general.

También puede ser producido porque el *hardware* ha dejado de ser adecuado para el sistema operativo que lo soporta. Por ejemplo, debido a sucesivas las actualizaciones, el sistema operativo requiere de otros requisitos *hardware* que el ordenador no tiene para un funcionamiento óptimo.

También puede ser producido por una carga excesiva de archivos de carácter temporal que no hacen sino llenar el disco de manera injustificada.

5.4.4. Mal funcionamiento del equipo por cambios en la configuración del sistema o de las aplicaciones

En el momento de instalar una aplicación, habitualmente se realiza una configuración estándar. Posteriormente, el usuario puede modificar parámetros que cambien el comportamiento de la aplicación. Esos pueden no solo influir en el comportamiento de la aplicación, sino en el propio sistema.

Pongamos un ejemplo. Imagine el lector una aplicación que necesita un dispositivo para trabajar de forma adecuada y, además, permite modificar ciertos aspectos de, por ejemplo, la impresora. Esto implica acceder a librerías del sistema.

Si la configuración de la aplicación no se hace de forma adecuada, la aplicación puede dejar de funcionar o funcionar de forma errática. Entonces, la aplicación, al no cumplir con las funcionalidades para las que fue diseñado, entra en un mal funcionamiento. Si a través de la aplicación ha habido cambios de configuración, entonces el mal funcionamiento afectará incluso al sistema que lo soporta.

Si modificamos algún elemento configurable de un dispositivo, por ejemplo, la impresora mencionada, perderemos también la funcionalidad del dispositivo que, en ocasiones, influirá en el funcionamiento de todo el sistema. Se producirá, entonces, un mal funcionamiento del sistema.

5.4.5. Mal funcionamiento de una aplicación

En el epígrafe anterior se ha comentado un caso en el cual puede existir un mal funcionamiento de una aplicación informática por una mala o errónea configuración.

No es esta la única posible causa del mal funcionamiento. Otra causa del mal funcionamiento es una actualización de la aplicación que fue mal diseñada, mal instalada o instalada de forma deficiente (por ejemplo, un apagón durante el proceso de la actualización).

5.4.6. El sistema operativo no se inicia

¿Por qué un sistema operativo no se inicia? Pueden existir varias causas:

- El dispositivo encargado de arrancar el sistema operativo (disco duro) está dañado.

- Que alguno de los archivos de arranque del sistema operativo está dañado.

- Que el controlador de vídeo está dañado.

- Algún archivo de inicio está mal configurado.

- Algún programa o librería de arranque está dañado.

- Se ha cambiado algún elemento del *hardware* y no lo reconoce el sistema operativo.

- Los bancos de memoria RAM están dañados.

- Sobrecalentamiento en el *hardware*.

5.4.7. Otros

Otros fallos de *software* pueden ser debidos a la instalación de aplicaciones no adecuadas en el sistema operativo del equipo. Por ejemplo, pretender que una aplicación para Windows 11 trabaje con las mismas funcionalidades para las que fue diseñada en un sistema operativo Windows XP. O, viceversa, que una aplicación informática diseñada para Windows XP funcione correctamente en Windows 11. Sí es cierto que debe existir una compatibilidad de versiones hacia adelante, pero Windows XP trabajaba en plataformas de 32 bits y Windows 11 en plataformas de 64 bits. Hay compatibilidad, pero el autor duda de que la funcionalidad sea al cien por cien.

Instalar una aplicación de 64 bits en un sistema operativo de 32 (en desuso), es otro proceso que provoca o provocará fallos de *software.*

Forzar la ejecución de una aplicación que requiere unas características que el ordenador no tiene provocará que el equipo empiece a ralentizarse y, seguramente, finalice de forma brusca la ejecución o, peor, bloquee nuestro sistema operativo.

5.5. Procedimientos comunes de solución

Hemos de ser conscientes de que tarde o temprano existirá una situación problemática en el equipamiento informático. Ningún equipo es eterno y, pasado el tiempo, empieza a tener "achaques". Ante esta perspectiva, debemos tener una mínima estrategia de minimización de los problemas que puedan ocurrir.

Esto pasa por tener una planificación de tareas que debemos realizar cada cierto periodo de tiempo de forma manual o desasistida mediante tareas programadas.

5.5.1. Copias de seguridad de archivos y carpetas

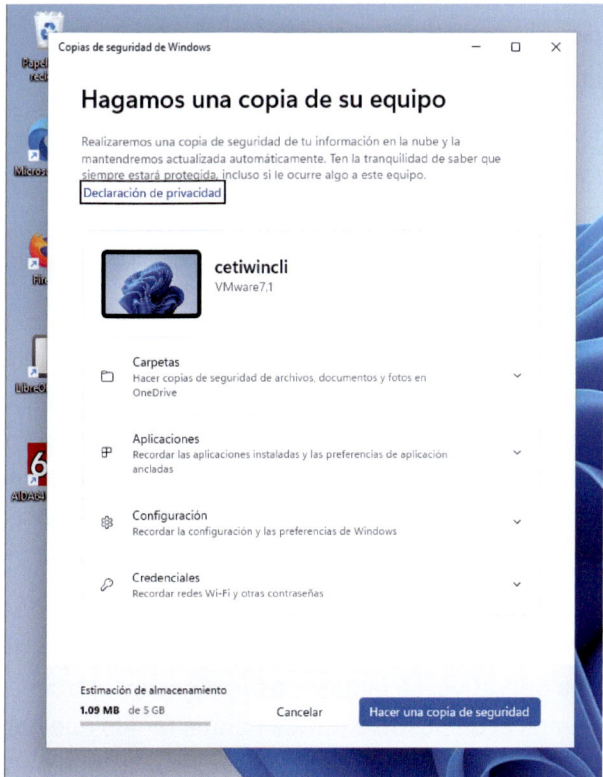

Fig. 5.4.

La copia de seguridad mediante tareas programadas permite realizar copias de archivos idénticos a dispositivos distintos a los que fueron archivados. Por ejemplo, si en sistemas Windows grabamos habitualmente los archivos documentales en una carpeta o directorio que se llama **Documentos,** podemos crear una tarea programada para que todos los días a las 21 horas se proceda a copiar todos los archivos en otra carpeta de otro dispositivo.

En el ejemplo de la figura 5.4, el lector observará que en sistemas Windows 11 permite configurar una copia de seguridad del equipo por completo en la nube. Además, podemos programar tareas, de tal manera que no requiera la atención del usuario para realizarse. Previamente, nos peguntará qué unidad elegimos para realizar las copias de seguridad. El lector deberá tener disponible otro dispositivo; bien dentro del propio equipo, bien externo mediante red (NAS) o conectado mediante un puerto USB.

En el caso de sistemas Windows preguntará si deseamos realizar una copia completa. El autor aconseja que, una vez puesto en marcha el sistema, se haga una copia de la imagen del sistema operativo para prevenir posibles desastres posteriores.

5.5.2. Reinstalación de controladores

Ya se ha mencionado que uno de los fallos *software* a los que nos tenemos que enfrentar en ocasiones es a un fallo en los controladores *software*.

Pongamos el ejemplo típico de la impresora. Hemos realizado una actualización del sistema operativo y no sabemos por qué ha dejado de funcionar. ¿Por qué no funciona la impresora?

Sin entrar en disquisiciones sobre el motivo por el que ha dejado de funcionar, podemos utilizar la estrategia de ¿cómo hago para hacerla funcionar? Una opción será la reinstalación de los controladores del dispositivo. Previamente, si podemos, quitamos los controladores de la impresora que estén instalados, eliminamos el dispositivo por completo (desconectamos antes el dispositivo).

Accedemos a la web del propietario de la marca y buscamos el soporte de la impresora. Seguramente nos pedirá el modelo del dispositivo para realizar una búsqueda más selectiva. Descargamos el controlador adecuado para nuestro sistema operativo. Lo instalamos (si tiene instalador). En caso contrario, encendemos el dispositivo (antes hemos tenido que haber reiniciado el ordenador) y procedemos a instalar, como nueva, la impresora (dispositivo tomado como ejemplo). Cuando solicite la marca y modelo, podemos decidir que elija el controlador descargado y procedemos a verificar que ha cogido adecuadamente la impresora. Intentamos imprimir una página de prueba. Si todo es correcto, tendremos la impresora funcionando otra vez.

Si lo dicho anteriormente no funciona, debemos coger el CD de instalación que venía con la impresora (o dispositivo afectado) y reinstalarla otra vez.

La primera opción es mejor en el aspecto de que serán controladores más actualizados que los que disponemos de origen en el CD.

Debes saber...

Los sistemas Windows, una vez instalado el dispositivo, buscan qué controladores se ajustan al mismo.

Está normalizado que los proveedores más relevantes de productos hardware comuniquen a Microsoft los controladores más adecuados para sus productos vigentes. Sin embargo, si los productos se encuentran descatalogados, esto obligará a buscar los controladores por otros medios y sin garantías.

5.5.3. Restauración del sistema y aplicaciones

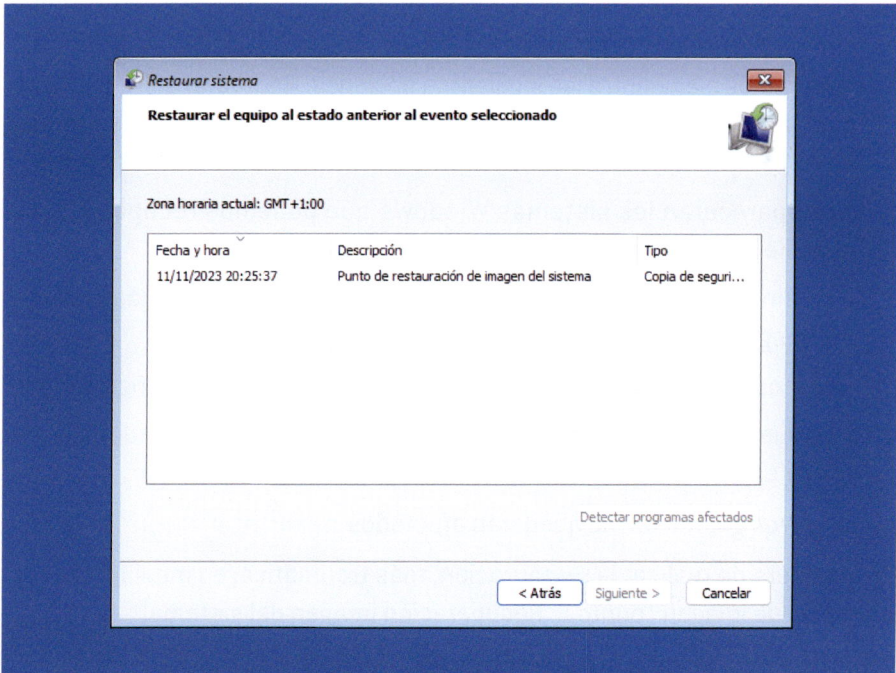

Fig. 5.5.

Ya se ha mencionado que debemos realizar copias de seguridad. Pues lo primero que hemos de realizar es una copia íntegra del sistema. Es la primera opción que tenemos en Windows 11 cuando realizamos copias de seguridad. Nos preguntará si deseamos **Crear una imagen del sistema**.

Tenemos la copia del sistema, ¿qué debemos hacer? Apagado el ordenador, encendemos el equipo y, rápidamente, introducimos el DVD original de Windows e indicamos que queremos que inicie desde CD o DVD.

En la figura 5.5 el lector observará cómo el sistema ha detectado una copia de seguridad del sistema. Si encontrara otra, deberemos decidir cuál elegimos para proceder a restaurarla.

¿Cómo accedemos a este cuadro de diálogo? Realizando los siguientes pasos:

1. Arranca con el CD de instalación.

2. Arranca el sistema con el logo de Windows y, finalmente, aparece un cuadro de diálogo en el cual indicamos el idioma en el que trabajaremos.

3. Acto seguido nos aparece un cuadro de diálogo con un botón central indicando **Instalar ahora**. Pero, un poco más abajo a la izquierda, hay otra opción que será la que pulsemos **Reparar el equipo**.

4. Ahora nos aparecen las siguientes opciones: **Continuar con la instalación de Windows 11** (en nuestro caso), **Solucionar problemas** y **Apagar equipo**. Seleccionamos **Solucionar problemas**.

5. Deberemos elegir entre las siguientes opciones: **Restaurar sistema**, **Recuperación imagen del sistema**, **Reparación de inicio**, **Símbolo del sistema** y **Revertir a la compilación anterior**. Seleccionamos **Restaurar el sistema**.

6. Nos aparecerán los sistemas Windows que podemos recuperar. En el ejemplo del autor será Windows 11.

7. A continuación, nos aparece un cuadro de diálogo con información sobre los riesgos de la restauración.

8. Nos mostrará las posibles copias de las que disponemos. Ver figura 5.5.

9. Nos queda confirmar dos cuadros de diálogo más y se procedería a restaurar el sistema tal como hicimos la copia de seguridad.

Los archivos guardados no quedarán afectados.

Otra manera de realizar la restauración, más traumática, es mediante la restauración de imagen (punto 5. **Recuperación imagen del sistema**).

Consiste en copiar bit a bit un disco en otro. Como el disco copiado está en un archivo comprimido, el programa de recuperación deberá descomprimir y copiar. Previamente formateará el disco.

En este caso, **sí borra todos los archivos** y los deja tal cual estuvieron en la copia del sistema.

En el mercado de *software* disponemos de herramientas desarrolladas por terceros que realizan también tareas de copias de salvaguardia y restauración, imágenes de discos, etc. Entre las más conocidas, de pago y gratuitas, tenemos:

- Clonezilla (http://clonezilla.org/): es un *software* libre de recuperación ante desastres que sirve para la clonación de discos y particiones. Clonezilla está desarrollado por el NCHC Labs, en Taiwán. Clonezilla SE (Server Edition) ofrece soporte *multicast* (más de cuarenta ordenadores simultáneos) similares a Norton Ghost Corporate Edition.

- Norton Ghost (https://es.norton.com/): es un *software* para la clonación de discos vendido por Symantec. Originalmente desarrollado por Murray Haszard, en 1995, para la empresa Binary Research, la tecnología fue adquirida en 1998 por Symantec. El nombre GHOST es el acrónimo de *General Hardware-Oriented System Transfer* (Sistema de Transferencia Orientado al *Hardware* General).

- Acronis (http://www.acronis.com/es-es/): desarrolla *software* de gestión de almacenamiento, incluyendo *software* para la recuperación de fallos graves, restauración y *backups* de imágenes de discos, gestión de particiones, gestión de arranque y migraciones de datos de un ordenador a otro.

Debes saber...

Windows 11 permite realizar copias de seguridad de distinto tipo en la nube de Onedrive de Microsoft.

5.5.4. Deshabilitación de dispositivos *hardware*

La deshabilitación (es más apropiado utilizar *inhabilitación*) de cualquier elemento *hardware* es eliminar las funcionalidades de un dispositivo *hardware*.

Realmente la inhabilitación se realiza mediante *software*.

Se le está indicando al sistema operativo que no debe hacer, temporalmente, caso a un determinado *hardware*.

Permite comprobar si el *hardware* funciona correctamente o no.

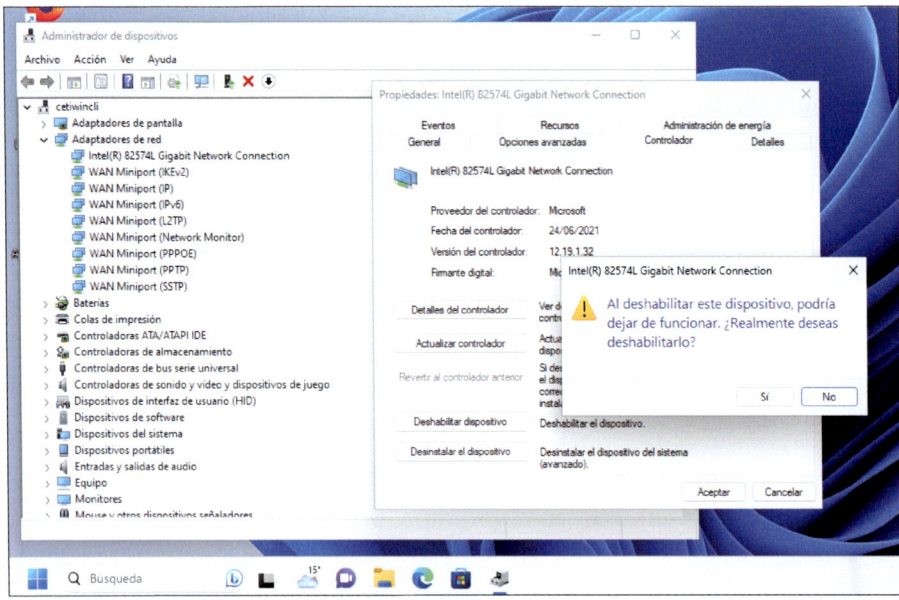

Fig. 5.6.

Si observamos el ejemplo de la figura 5.6, observamos tres cuadros de diálogo. En el de la izquierda (configuración del sistema) vemos la configuración *hardware*. Encontramos todo el *hardware* conocido y ordenado en función del tipo. En ocasiones, habrá iconos tipo interrogante para indicar que hay un *hardware* desconocido (realmente no hay controlador reconocido).

Seleccionamos un elemento *hardware* (en el ejemplo se ha escogido la interfaz de red). Botón derecho del ratón e indicamos que queremos ver las propiedades. Si seleccionamos la pestaña **Controlador,** podremos elegir, entre las opciones que nos brinda, deshabilitar el *hardware* seleccionado. Nos pedirá confirmación tal como indica el cuadro de diálogo de la derecha.

5.5.5. Agregar o quitar programas

Todos los sistemas operativos deben ofrecer un sistema de instalación de programas y tener la opción de eliminarlos o desinstalarlos cuando no se requieren sus servicios o funcionalidades.

Los sistemas operativos Windows y Linux difieren en la forma de implementar esta función. Si bien es verdad que Windows, en la versión 11, ha creado lo que llama tienda de *software,* que podría ser similar al sistema de repositorios con el que Linux lleva muchos años de delantera.

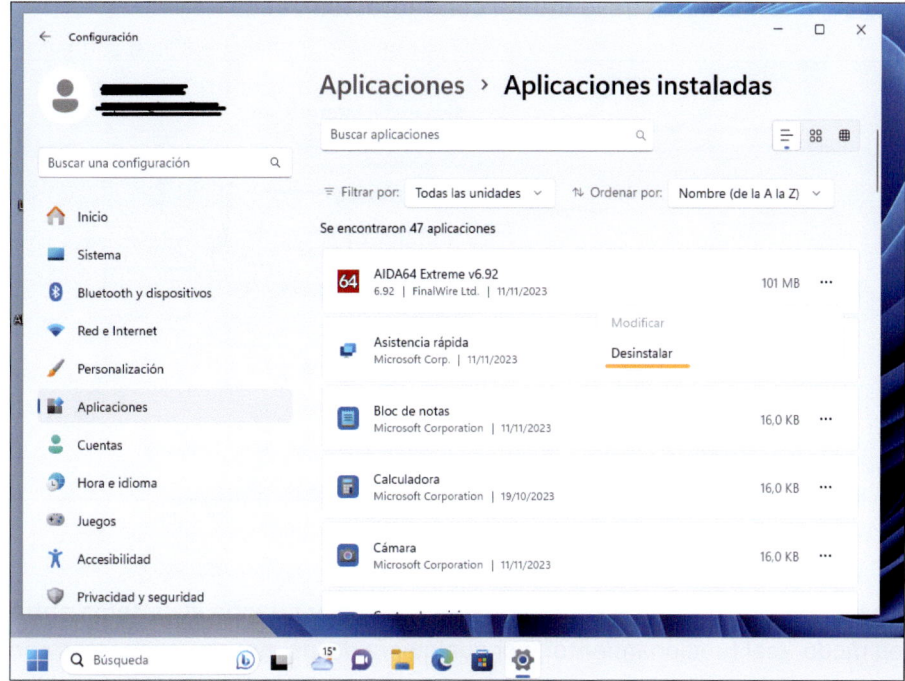

Fig. 5.7.

En sistemas Windows lo habitual es que la aplicación que deseamos instalar tenga su propio *software* de instalación que será el encargado de descomprimir los archivos necesarios, desplegar los archivos en nuestro sistema e interactuar con el sistema operativo para que el usuario tenga acceso a las funcionalidades de la aplicación.

Sin embargo, en Linux se suele acudir a los repositorios para instalar/desinstalar aplicaciones. El lector puede ver un ejemplo de la herramienta Synaptic en la figura 4.2 del capítulo 4. Esta herramienta actúa como tienda, tipo a Google Apps (los repositorios de Linux son anteriores a esta tienda).

En cuanto a la desinstalación en Windows, es habitual que, a través del menú principal, uno de los enlaces de la aplicación que deseemos eliminar del sistema tenga una opción que sea **Desinstalar**. Sin embargo, Windows tiene su sistema de desinstalación. Como ejemplo, el lector puede observar la figura 5.7 donde se aprecian las aplicaciones informáticas instaladas. Para desinstalar un programa debemos seleccionar primero dicho programa. En la parte derecha se aprecian tres puntos en línea, pulsando sobre los puntos, aparecerán las opciones **Modificar** y **Desinstalar**.

5.5.6. Restauración de la última configuración válida

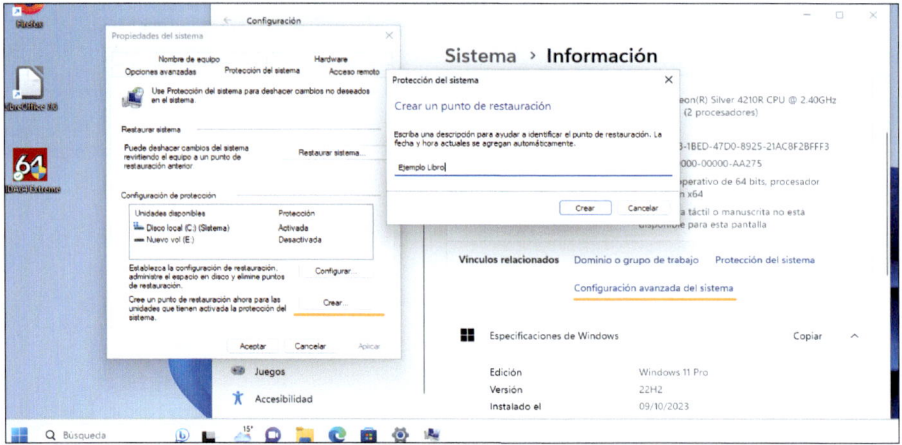

Fig. 5.8.

Una de las opciones que el usuario puede realizar cuando el sistema entra en modo "mal funcionamiento", por cualquiera de los motivos expuestos con anterioridad, es restaurar el sistema a una situación que nosotros consideremos válida. Para poder proceder a este tipo de restauraciones, deberemos habilitar la opción de creación de puntos de restauración. Esta opción se encuentra en **Panel de control** > **Sistema y seguridad** > **Sistema** > **Configuración avanzada del sistema**.

El usuario puede observar, en la figura 5.8, parte de la configuración ante posibles desastres en el sistema.

Para crear puntos de restauración accederemos a **Crear** el punto (previamente se deberá configurar y activar la protección pulsando el botón **Configurar**). Podemos crear tantos puntos como deseemos y nos permita el dispositivo de almacenamiento masivo que utilicemos.

Es una herramienta que podemos utilizar ante previsibles cambios en el sistema como es la instalación de una nueva aplicación informática. Antes de proceder a la instalación, creamos el punto de restauración. Si la instalación ha sido un fracaso y no es posible restituir el sistema a un punto aceptable, podemos recurrir al punto de restauración que deseemos para conseguir que el sistema esté correctamente.

Para volver a un punto de restauración anterior, debemos (dentro de la figura 5.8) pulsar la opción de **Restaurar sistema...** (en la parte superior de la imagen) y, eligiendo el punto de restauración que deseamos, procedemos a realizar la acción. Se reiniciará el equipo y procederá a la restauración.

5.5.7. Inicio del equipo en modo a prueba de errores

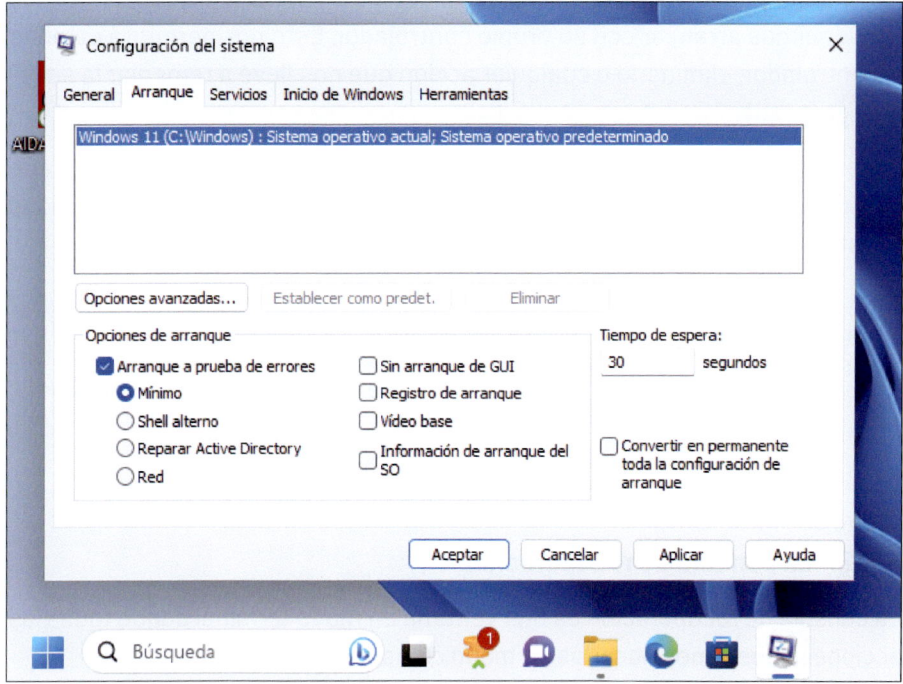

Fig. 5.9.

En sistemas Windows, era habitual que, si queríamos acceder al menú de reparación del sistema, se pulsara <F8> para acceder al menú desde el cual podíamos entrar en las distintas configuraciones de arranque del sistema operativo.

Sin embargo, a partir de Windows 7 no es posible utilizar dicha tecla para acceder al menú. Debemos acceder a la **Configuración del sistema** para acceder a una de las opciones indicadas.

En la figura 5.9, el lector puede observar la **Configuración** y, seleccionando la pestaña **Arranque**, podremos indicar la opción de arranque que deseamos activar. En el ejemplo se indica activar **Arranque a prueba de errores** con las opciones mínimas.

La intención de arranque en modo **A prueba de errores** es cargar el mínimo número de controladores y *software* necesarios para manipular el sistema operativo.

Pongamos un ejemplo. En un momento dado, instalamos un controlador de vídeo pensando que iba a mejorar el rendimiento de la tarjeta de vídeo de nuestro equipo. En el momento de reiniciar el ordenador, el monitor se queda negro porque el sistema operativo no ha sido capaz de gestionar el controlador o hay algún tipo de error. Con el acceso al equipo en modo **A prueba de errores** conseguimos arrancar con su propio controlador. Esto nos permitirá cambiar el controlador, eliminarlo o cualquier acción que nos lleve a remediar la situación generada.

Podemos mencionar otros tipos de situaciones, como los casos de instalación de aplicaciones con "regalo" (*malware*) incluido que nos lanza publicidad constantemente.

> **Debes saber...**
>
> Puedes ejecutar la orden msconfig para obtener el cuadro de diálogo de la figura 5.9.

5.5.8. La consola de recuperación

La consola de recuperación es una ventana en modo terminal donde todas las acciones deberemos hacerlas en modo comando.

En el caso de sistema Windows 11, la forma de entrar en modo consola es, según la figura 5.9, seleccionar **Shell alterno**. Se reiniciará el sistema operativo con acceso tipo terminal.

¿Qué operaciones podemos realizar?

La lista siguiente describe los comandos disponibles para la consola de recuperación:

- **Attrib:** cambia los atributos en un archivo o carpeta.

- **Batch:** ejecuta los comandos especificados en el archivo de texto del tipo **archivoDeEntrada.bat. archivoDeEntrada.bat** contiene la secuencia de comandos que se quieren ejecutar *(scripts)*. Si se omite el argumento **archivoDeSalida,** la salida se muestra en la pantalla.

- **Bootcfg:** se usa para la configuración del inicio y la recuperación. Puede usar el comando **bootcfg** para hacer cambios en el archivo **Boot.ini.**

- **CD (Chdir):** solo funciona en los directorios de sistema de la instalación actual de Windows, en los medios extraíbles, en el directorio raíz de cualquier partición del disco duro y en los orígenes de instalación locales.

- **Chkdsk:** el modificador **/p** ejecuta **Chkdsk** incluso aunque la unidad no se haya marcado como "incorrecta". El modificador **/r** busca posibles sectores defectuosos y recupera en ellos la información legible. Este modificador implica a /p. Chkdsk requiere **Autochk**. Chkdsk busca automáticamente **Autochk.exe** en la carpeta de inicio. Si Chkdsk no puede encontrar el archivo en la carpeta de inicio, lo busca en el CD-ROM de instalación de Windows Server 2003. Si Chkdsk no puede encontrar el CD-ROM de instalación, pregunta al usuario la ubicación de Autochk.exe.

- **Cls:** borra la pantalla.

- **Copy:** copia un archivo en una ubicación de destino. De manera predeterminada, el destino no puede ser un soporte extraíble y, además, no puede usar caracteres de tipo comodín. Al copiar un archivo comprimido desde el CD-ROM de instalación de Windows Server 2003, el archivo se descomprime automáticamente.

- **Del** *(delete):* elimina un archivo. Funciona en los directorios de sistema de la instalación actual de Windows, en los medios extraíbles, en el directorio raíz de cualquier partición del disco duro y en los orígenes de instalación locales. De manera predeterminada, no puede usar carácter comodín.

- **Dir:** muestra todos los archivos, incluidos los ocultos y los de sistema.

- **Diskpart:** administra las particiones en los volúmenes del disco duro.

  — La opción /**add** crea una partición nueva.

  — La opción /**delete** elimina una partición existente.

  — El argumento **nombreDeDispositivo** es el nombre del dispositivo de una partición nueva. Un ejemplo de nombre de dispositivo de una partición nueva es \dispositivo\discoduro0.

  — El argumento **nombreDeUnidad** es la letra de unidad de la partición que está eliminando (por ejemplo, D:).

  — **NombreDePartición** es el nombre de la partición que va a eliminar y se puede usar en lugar del argumento nombreDeUnidad. Un ejemplo de nombre de partición es \dispositivo\discoduro0\partición1.

  — El argumento tamaño es el tamaño en megabytes de una partición nueva.

- **Exit:** sale de la consola de recuperación y reinicia el equipo.

- **Expand:** expande un archivo comprimido. El argumento origen es el archivo que desea expandir. De manera predeterminada, no puede usar carácter comodín. El argumento destino es el directorio del nuevo archivo. De manera predeterminada, el destino no puede ser un soporte extraíble y no puede ser de solo lectura. Puede usar el comando **attrib** para quitar del directorio de destino el atributo de solo lectura. Se requiere la opción **/f:filespec** si el origen contiene más de un archivo. Esta opción permite carácter comodín. El modificador **/y** deshabilita el comando de confirmación de sobrescritura. El modificador **/d** especifica que los archivos no se expandirán y muestra un directorio de los archivos en el origen.

- **Format:** da formato a un disco. El modificador **/q** ejecuta un formato rápido. El modificador **/fs:sistemaDeArchivos** especifica el sistema de archivos.

- **Help:** muestra todos los comandos que admite la consola de recuperación. Para obtener más información acerca de un comando específico, escriba **help comando** o **comando /?**.

- **Md (Mkdir):** crea un directorio. El comando solo funciona en los directorios de sistema de la instalación actual de Windows, en los medios extraíbles, en el directorio raíz de cualquier partición del disco duro y en los orígenes de instalación locales.

- **More/Type:** muestra en pantalla el archivo de texto especificado.

- **Rd (rmdir):** quita un directorio. El comando solo funciona en los directorios de sistema de la instalación actual de Windows, en los medios extraíbles, en el directorio raíz de cualquier partición del disco duro y en los orígenes de instalación locales.

- **Ren** *(rename)*: cambia el nombre de un archivo. El comando solo funciona en los directorios de sistema de la instalación actual de Windows, en los medios extraíbles, en el directorio raíz de cualquier partición del disco duro y en los orígenes de instalación locales. No puede especificar una nueva unidad o ruta como destino.

- **Sc:** comando utilizado para la comunicación con el control de gestión de servicios. Utilice **sc /?** para entender el potencial de esta orden. Por ejemplo, **sc boot bad** marcará como arranque erróneo el actual.

- **Set:** muestra y configura las variables de entorno de la consola de recuperación.

- **Systemroot:** establece el directorio actual en **%systemroot%**.

5.5.9. Copia de seguridad

En apartados anteriores se ha descrito ya la necesidad de disponer de una estrategia de salvaguardia y recuperación tanto del sistema como de archivos guardados.

Se trata de una combinación de herramientas de copia del sistema y archivos de nuestro sistema y lanzamiento desasistido mediante el uso de tareas programadas.

Disponemos de herramientas en el sistema operativo, pero también de terceras, gratuitas y de pago.

En un entorno de negocio, que es más sensible a los ataques externos, debe estudiarse pormenorizadamente de qué herramientas disponemos, qué entorno debemos controlar para realizar las copias de seguridad, la seguridad de cada una de las herramientas, la ubicación de las copias y su nivel de acceso, etc.

Una vez decidida la herramienta que satisface por su nivel de eficacia y de seguridad, debemos proceder a estudiar un calendario de ejecución de la herramienta y cuál será el destino de cada copia (un dispositivo local, un servidor local o un servidor externo). Además, como no queremos que las copias dependan de la presencia de un operador, deberemos programar las tareas para que sea el propio sistema el encargado de lanzar la aplicación cuando así se le indique.

En un entorno de negocio, insisto, debe buscarse una herramienta eficaz que pueda moverse y automatizarse en entornos de red. Si esta herramienta puede centralizarse, mucho mejor. De esta manera, el administrador programa las tareas en el servidor para cada uno de los equipos cliente. Incluso se puede programar el encendido de cualquier ordenador de la red y lanzar la aplicación que genere la copia de seguridad bien en una unidad del propio ordenador cliente, bien en un dispositivo de almacenamiento de copias de seguridad (que sería lo ideal).

Por ejemplo, un *software* que realiza copias de seguridad en un entorno de red es la aplicación Amanda (http://www.amanda.org/).

5.5.10. Restauración del sistema

El proceso de restauración del sistema ya se desarrolló en el subepígrafe 5.5.3. En el cual se relata el proceso de restauración de todo el sistema, aplicaciones incluidas.

Habitualmente, después de realizar la instalación del sistema operativo con todos los controladores de los dispositivos que gestiona el sistema, suele realizarse una imagen o copia de seguridad del sistema tal como se indicó en el apartado 5.5.3. Se trata de una "foto" del sistema para que, en caso de restaurar el sistema a un punto "nuevo", no necesitemos formatear el equipo, proceder a instalar el sistema operativo, instalar los controladores necesarios, etc.

La diferencia, con respecto al punto 5.5.3, es que la copia contiene datos y aplicaciones que la "foto" no tiene.

Resumiendo. Tendremos, por ejemplo, diversas copias del sistema de forma completa; de las cuales, la primera será la "foto" de la primera instalación.

5.5.11. Reinstalación del sistema operativo

El proceso de reinstalación no es otro que proceder a instalar el sistema operativo sobre el que ya está. ¿Por qué hay que reinstalar? Porque puede ocurrir que archivos del sistema se hayan dañado o borrado accidentalmente provocando que el sistema no funcione adecuadamente o, simplemente, no funcione.

Una manera de resolver el problema, sin borrar los archivos y las aplicaciones instaladas, es proceder a la reinstalación. En el caso de Windows, preguntará si deseamos grabar los archivos y programas del sistema sobre el mismo directorio (c:\windows) o sobre otro directorio. Si decidimos sobre otro, el sistema detectará que hay otro sistema y, en el arranque, podremos seleccionar el antiguo.

5.5.12. Otros

En ocasiones, la resolución puede ser sencilla. Pongamos un ejemplo. Disponemos de varios equipos con sistemas operativos idénticos, por ejemplo, Windows 11. Un administrador ha detectado que uno de los equipos no arranca y, utilizando herramientas de arranque externas (CD, DVD o Live CD), comprueba que falta uno de los archivos del sistema.

La forma más rápida de solucionarlo es copiar el mismo archivo de otro equipo en el equipo dañado. Reiniciamos con el sistema propio y comprobamos el efecto, si se ha reparado o no.

ACTIVIDADES

5.1. Un ordenador puede dejar de funcionar completamente porque...

  a. Hay un fallo en una aplicación.

  b. Hay un error en el sistema operativo.

  c. El sector de arranque no funciona.

  d. Una tecla no realiza eco en la pantalla.

5.2. ¿Para qué nos sirve el manual de funcionamiento?

  a. Para comenzar a trabajar con una herramienta.

  b. Para comenzar a trabajar con una herramienta y ver las posibilidades funcionales.

  c. Para afrontar la resolución de averías más habituales.

  d. Todas las respuestas anteriores son correctas.

5.3. ¿Cómo no podemos obtener soporte?

  a. A través de la página web del fabricante o proveedor.

  b. A través de la ayuda de la aplicación.

  c. A través de correo postal.

  d. A través de chat.

5.4. Las respuestas en los foros son inmediatas.

  a. Verdadero.

  b. Falso.

5.5. Las respuestas en línea son inmediatas.

  a. Verdadero.

  b. Falso.

5.6. En los blogs no podemos encontrar ...

  a. Información de un producto.

  b. Soluciones a incidencias comunes.

  c. Herramientas.

  d. Críticas a productos.

5.7. **¿Qué es una comunidad virtual?**

   a.   Una web con intereses y/o aficiones comunes.

   b.   Un foro con temas variados.

   c.   Un chat de contacto.

   d.   Un servidor virtual.

5.8. **Un blog es igual que…**

   a.   Un foro.

   b.   Una bitácora.

   c.   Una página web.

   d.   Una comunidad virtual.

5.9. **Un programa de diagnóstico es…**

   a.   Un programa *antimalware*.

   b.   Un programa revisor del estado de la memoria RAM.

   c.   Un programa revisor del estado de los dispositivos de E/S.

   d.   Una herramienta que nos permite evaluar el estado del equipo.

5.10. **En Windows, si queremos saber por qué se ha producido un error, debemos…**

   a.   Reiniciar el ordenador.

   b.   Revisar los errores con el visor de eventos.

   c.   Utilizar un programa de diagnóstico.

   d.   Avisar al servicio técnico.

5.11. **En Linux, si queremos saber por qué se ha producido un error, debemos…**

   a.   Reiniciar el ordenador.

   b.   Revisar los errores que se encuentran en el directorio /var/log.

   c.   Utilizar un programa de diagnóstico.

   d.   Avisar al servicio técnico.

5.12. **Cuando se apaga bruscamente el ordenador, los datos de memoria principal…**

   a.   Se pierden.

   b.   Se vuelcan en el disco duro.

   c.   Se vuelcan a un directorio temporal para recuperarlos después.

   d.   Mientras se apaga, se vuelcan en el disco duro.

5.13. Si un usuario de un equipo nota que el sistema está inestable debe…

a. Reiniciar el equipo.

b. Utilizar herramientas de diagnóstico.

c. Pasar el antivirus.

d. Avisar al administrador del equipo.

5.14. ¿Qué precaución debe tener un administrador para cambiar una configuración?

a. Hacer una copia del archivo antes de proceder a realizar los cambios.

b. Estar seguro del archivo que modifica.

c. Realizar una copia de seguridad completa del sistema.

d. No es necesaria ninguna actuación.

5.15. Si después de configurar un archivo el sistema falla, debemos…

a. Reiniciar el ordenador.

b. Desinstalar la aplicación informática que ha dado el fallo.

c. Utilizar el soporte de la aplicación informática.

d. Restituir el archivo guardado.

5.16. Qué afirmación es incorrecta a la pregunta: ¿por qué un sistema operativo no se inicia?

a. El dispositivo encargado de arrancar el sistema operativo (disco duro) está dañado.

b. Una aplicación de inicio genera un error.

c. Porque alguno de los archivos de arranque del sistema operativo está dañado.

d. Porque el controlador de vídeo está dañado.

5.17. Es aconsejable, una vez instalado el sistema operativo, realizar una imagen del mismo.

a. Verdadero.

b. Falso.

5.18. ¿Cómo podemos obtener controladores software actualizados?

    a. De la página web del distribuidor.

    b. De cualquier página web que los oferte.

    c. Del disco de instalación.

    d. No hay actualizaciones de productos finales.

5.19. Para restaurar un sistema dañado, debemos…

    a. Reinstalar el sistema operativo.

    b. Recuperar una imagen del sistema.

    c. Recuperar una imagen del sistema y la última copia de seguridad realizada.

    d. No se puede recuperar un sistema dañado.

5.20. En Windows, ¿cómo podemos desinstalar una aplicación informática?

    a. Con la herramienta **Programas y características**.

    b. Con un desinstalador de la aplicación.

    c. Eliminando la carpeta de la aplicación.

    d. Utilizando el registro del sistema.

PRÁCTICA

Se observa que el equipo va excesivamente lento y no se conoce el motivo a simple vista. Utilizar una herramienta que permita observar qué procesos se están ejecutando y si estos producen un uso excesivo del *hardware* o bien accede a la red de forma abusiva.

6. Instalación y configuración del *software* antivirus

Contenido

El procedimiento para instalar y configurar una aplicación antivirus (sería más adecuado llamarlo *antimalware*) es similar al de cualquier aplicación informática. Pero hemos de indicar que este tipo de *software* tiene una peculiaridad, debe estar constantemente funcionando y, además, debe arrancarse de forma automática.

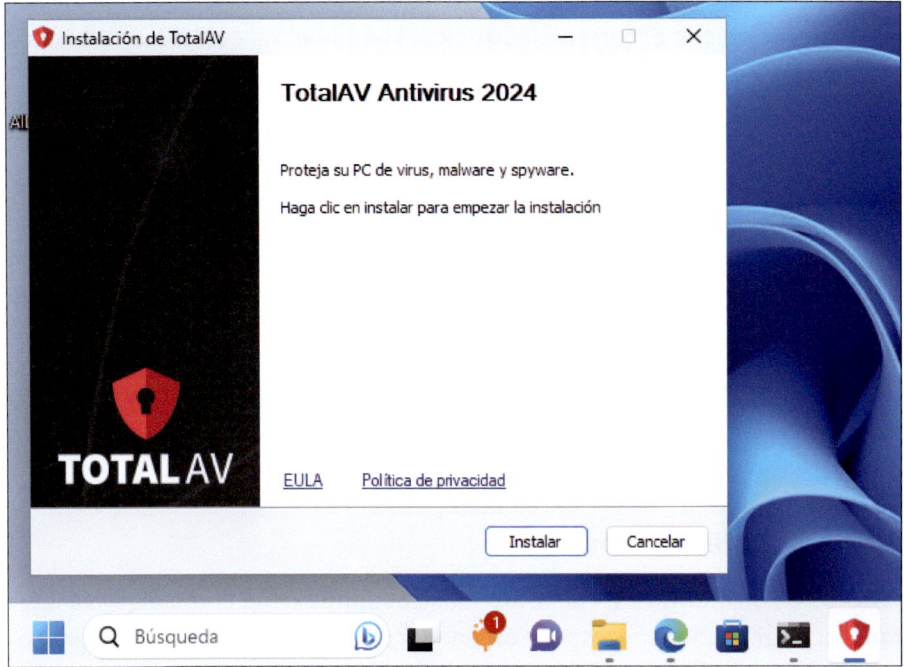

Fig. 6.1.

Debemos tener en cuenta varias consideraciones:

- Tener instalados más antivirus no implica estar más protegidos: el uso de más de un antivirus puede generar falsos positivos. Es decir, uno de los antivirus puede considerar que el otro es un virus y saltar las alertas. También provocará que el equipo vaya más lento. Los antivirus utilizan muchos recursos del sistema.

- El antivirus que se instale debe tener prestigio: debemos estar seguros de que el antivirus cumplirá su función y muchas veces lo sabremos porque su trayectoria es impecable.

- Su protección incluye otros tipos de amenazas: hoy en día el peligro no está solo en los virus, sino también en gusanos, *spyware*, ataques de hacking, etc.

- Aparte de proteger, elimina: si un antivirus es capaz de detectar virus, pero no de eliminarlos, no nos servirá para nada.

- Capacidad de actualización de las bases de datos: actualización para detectar nuevos virus. El *malware* va por delante de las protecciones, es importante que el proveedor recoja evidencias de ataques y encuentre el mecanismo para resolver esas incidencias.

- Integración con el correo electrónico: chequear los correos entrantes y evaluar las posibles amenazas.

- Servicio de soporte: atención al cliente y apoyo técnico.

En la figura 6.1 el lector puede observar parte de la configuración del antivirus TotalAV (https://www.totalav.com). En el momento de la instalación, no hay mucho que configurar, solo lo más básico. En el ejemplo de este antivirus nos preguntará si deseamos activar un recolector de información y la elección entre activar la detección de aplicaciones potencialmente peligrosas o no.

Debemos comprobar si el antivirus está activado. Puede comprobarlo mediante unos consejos que se recogen en el ANEXO II.

6.1. Virus informáticos

Un virus es un *malware* (o *software* malicioso) que tiene como objetivo alterar el normal funcionamiento del ordenador sin la autorización o conocimiento del usuario. Los virus, habitualmente, suplantan archivos ejecutables por otros infectados con el código de este. Otro método que utilizan es inyectar código malicioso en programas ejecutables con el objetivo de obtener resultados tales como rellenar con datos todos los dispositivos de almacenamiento, ralentizar el equipo, secuestrarlo, etc. Los virus pueden tener como objetivo destruir intencionadamente datos almacenados en un equipo. También hay virus "simpáticos" cuyo su objetivo es molestar.

¿Qué objetivo persiguen los virus? En principio, propagarse al mayor número de máquinas posible y por cualquier método. Además de propagarse, hacerse notar y realizar acciones dañinas están entre sus principales objetivos. Acciones que pueden ir desde mostrar un muñeco en el monitor o borrar la información del disco duro hasta provocar una ingente cantidad de tráfico en la red de datos.

El concepto de virus es simple. Se ejecuta siendo un *software* "inocente" con alguna utilidad aparente. Se queda residente en la memoria del programa o de un proceso hijo. A partir de aquí, empieza la infección buscando programas ejecutables e inyectando código malicioso.

La existencia de virus se remonta a los años ochenta con la llegada de los primeros ordenadores personales. No existía Internet tal como lo conocemos ahora, ni tan siquiera las redes de área local estaban tan extendidas (las que había era con cables coaxiales).

¿Cómo se propagaban? Se solían colocar en el arranque de los disquetes. Cuando se introducía el disquete, se ejecutaba un pequeño programa que se instalaba en el disco duro o en el resto de disquetes que fueran accesibles. Y, por compartición de discos, se fue extendiendo.

Uno de los virus más famosos es **Barrotes** (también fue uno de los primeros) que consistía en colocar barras verticales en el monitor.

Otro muy famoso fue el virus **Blaster**. Aunque no era muy peligroso debido a un error en su programación, sí tuvo repercusión en los medios periodísticos. El gusano creaba un hoyo en la programación de Microsoft XP y desplegaba un mensaje que acusaba a Bill Gates de enriquecerse y no reparar su sistema.

6.1.1. *Software* malicioso: conceptos y definiciones

El *software* malicioso, también conocido como programa malicioso o *malware*, es un programa desarrollado que viene con "regalo" incrustado en el código como: virus, *spyware* y otros programas indeseados, cuyo objetivo es instalarse en un dispositivo como ordenador, *smartphone* o *tablet*. Su instalación se realiza sin conocimiento del propietario del equipo.

Estos programas maliciosos pueden llegar a colapsar o bloquear el equipo donde estén instalados. También pueden monitorizar el equipo de forma remota, controlando su actividad, así como robar información sensible, como credenciales de acceso a cuentas bancarias, bases de datos, etc. También pueden convertir el equipo en un zombi, cuya única finalidad sea atacar a otros equipos. Además, con estos programas el equipo puede quedar expuesto al ataque de virus y enviar anuncios indeseados o inapropiados.

6.1.1.1. Evolución

Allá por los años setenta del siglo pasado, existían virus. No tan evolucionados, pero existían. Sin embargo, los primeros virus en ordenadores personales aparecieron en la década de los ochenta.

Su método de propagación era físico, a través de disquetes. El motivo de su existencia era o, parecía, un juego o un experimento, porque muchos de estos virus no tenían consecuencias reales sobre los datos. Su intencionalidad era gastar una broma, pesada, pero una broma.

A este tipo de programas se les suele denominar coloquialmente *virus informático,* cuando en realidad puede no serlo. Existen diversos tipos de programas maliciosos, cuya clasificación es extensa.

El objetivo del virus informático es incrustarse o incorporarse a los programas ejecutables y propagarse por todos los programas que se encuentre.

Los gusanos son parecidos a los virus, pero no necesitan de otros programas para propagarse. El gusano **Morris** marcó un hito en 1988 al ser de los primeros en propagarse masivamente por Internet. Como todo, el *software* malicioso evoluciona hacia otros especímenes, y con el tiempo surgieron otras variantes de *software* de este tipo empleando características de los virus y los gusanos para realizar tareas maliciosas. Los troyanos, los *adware* y los *spyware* son algunos de los más conocidos.

La evolución que sufre este tipo de *software* es increíble. Cuando un virus o gusano es arrinconado, se han mitigado sus efectos y ha sido anulado, aparece otra versión con nuevas técnicas de ocultación. Y así sucesivamente, como el virus de la gripe que cada temporada muta y evoluciona.

Los desarrolladores de *software* antivirus y los desarrolladores de *software* mantienen una constante carrera. Solo que, de momento, no parece vislumbrarse la meta de llegada:

- Los primeros virus se propagaban a través de ficheros ejecutables (tal como se explicó anteriormente) cuando los usuarios intercambiaban disquetes con programas ya infectados. Con el tiempo, evolucionaron y pasaron a alojarse en el sector de arranque de los discos; así se aseguraban infectar cualquier ordenador si un usuario arrancaba voluntaria o involuntariamente el equipo desde la unidad de discos con un disco ya infectado.

- Después, con la llegada de los módems, los virus aprovechaban los sitios de intercambio de archivos para propagarse. En este punto, también surgieron los troyanos que no son más que programas informáticos, aparentemente legítimos, cuando en realidad son *software* malicioso que, una vez ejecutado, es capaz de borrar archivos o, por ejemplo, secuestrar el ordenador dejándolo cautivo.

- A base de errores y confianzas, los usuarios aprendieron a no fiarse de los intercambios de archivos a través de disquetes y, de paso, comprobar con algún antivirus los ficheros que descargaban o copiaban (sobre todo, archivos ejecutables). Pues no fue suficiente, los virus se reinventaron y utilizaron los macros: aplicaciones como Excel, Word o los ficheros PDF fueron entonces el objetivo. Estas aplicaciones incluyen lenguajes de programación interpretados lo suficientemente potentes como para permitir la actuación de un virus peligroso, dañino y con mala intención.

- Para propagarse por Internet, los virus evolucionaron y aprendieron a enviarse a sí mismos utilizando el correo electrónico. A veces, son tan sofisticados como para presentarse como una persona o escribir mensajes que parecen reales. En algunas ocasiones, los hay que copian un mensaje como respuesta a un mensaje anterior (respuesta de conversación anexa) para confundir al usuario objetivo. Este tipo de maniobras es lo que comúnmente se ha denominado ingeniería social, pues el objetivo es engaña a la gente.

- Actualmente, los virus se propagan con un objetivo económico, robar contraseñas (es la evolución hacia los *spyware* o *software* espía). Este *software* malicioso lo consigue instalándose en el ordenador objetivo y va interceptando todas las páginas web que el usuario infectado visita, o copiando todo lo que se teclea en el ordenador (actuando como un *keylogger*). Incluso, hay algunos capaces de rastrear números de cuentas de banco, tarjetas o cuentas de sitios como PayPal o tiendas electrónicas en las que se realicen transacciones.

- Otra evolución es la mimetización en el equipo. Su intención es pasar completamente desapercibidos tras infectar el equipo. ¿El motivo? Pues, por ejemplo, enviar correos basura de forma masiva.

- Otra evolución es el intento de infección de millones de equipos con *software* malicioso con virus con la intención de convertir esos ordenadores en zombis o *botnets*. La intencionalidad es aprovechar los recursos del ordenador para realizar ataques masivos coordinados hacia otras máquinas, descargar ficheros ilegales y servir de archivo remoto, realizar clics fraudulentos en páginas de publicidad *(adware)*, etc.

- ¿Cómo aprenden los antivirus a identificar un virus? Los antivirus detectan un virus porque aumenta el tamaño de los ficheros que los contienen o cambian la fecha de los archivos (cualquier anomalía en un archivo). Sin embargo, los virus aprendieron a esquivar este sistema de detección. Muchos interceptan el sistema operativo para hacerse invisibles, otros aparentan no haber modificado el tamaño de los ficheros, etc.

- Los antivirus también evolucionaron, y se estudiaron los virus para observar sus comportamientos y se crearon patrones de búsqueda. Sin embargo, para evitar ser identificados mediante la búsqueda de patrones (por ejemplo, trozos de texto o código repetitivo), los virus también progresaron y se transmiten rescritos con un cifrado secreto consiguiendo de este modo que su aspecto sea diferente cada vez. Además, puede cambiar el código para descifrar o invertir el virus original consiguiendo ser diferente cada vez.

- Es muy habitual que los desarrolladores de antivirus encierren virus conocidos en un entorno virtualizado emulando un sistema operativo. Sin embargo, existen virus que detectan un entorno virtualizado y han aprendido a defenderse cambiando, por ejemplo, su propio código cada vez que infectan otro fichero.

- Un virus muy sofisticado, de última generación, se interpone entre la máquina y el sistema operativo. A este tipo de virus se les denomina virtualizadores. La única manera de detectarlos es no arrancar el sistema operativo del equipo sino con un disco o *pendrive* alternativo (Live CD). Como el virus tiene el control del sistema operativo, puede engañar a los antivirus debido a que corre sobre el propio sistema operativo; con lo cual, el virus está incrustado en el sistema operativo y forma parte de él. El usuario está convencido de que no tiene ningún virus, porque su antivirus está actualizado y no lo detecta. Pero ahí está.

6.1.1.2. Virus, gusanos, troyanos, otros

Tomando como referencia las definiciones que ofrece Kaspersky, intentaremos explicar las características de esta familia tan peculiar.

Para entender los tipos de amenazas para los datos que encierran los equipos, es útil saber los tipos de *malware* que existen y cómo actúan en nuestros equipos. Podemos dividirlos en las siguientes categorías:

- **Virus clásicos**. Programas que, cuando se ejecutan, infectan a otros programas añadiendo su código a los programas ejecutables para tomar el control. El objetivo principal de un virus es infectar. La velocidad de propagación de los virus es algo menor que la de los gusanos.

- **Gusanos de red**. Este tipo de *malware* usa los recursos de red para distribuirse y propagarse. Su nombre implica que pueden penetrar desde un equipo a otro como si fuera un gusano. Lo hacen por medio de correo electrónico, sistemas de mensajes instantáneos, redes de archivos compartidos (P2P), canales IRC, redes locales, redes globales, etc. Su velocidad de propagación es muy alta.

  Al penetrar en un equipo, el gusano intenta obtener las direcciones de otros equipos en la propia red local para empezar a enviarles sus copias y así propagarse. También pueden usar los datos de la agenda de contactos del cliente de correo electrónico. La mayoría de los gusanos se propagan en forma de archivos, pero existe una pequeña cantidad de gusanos que se propagan en forma de paquetes de red y penetran directamente en la memoria RAM del equipo de la víctima, donde a continuación ejecutan su código.

- **Caballos de Troya o troyanos.** Esta clase de programas maliciosos incluye una gran variedad de programas cuya finalidad es actuar sin el conocimiento del usuario. Recolectan datos y los envían a los criminales; destruyen o alteran datos con intenciones delictivas, causando desperfectos en el funcionamiento del ordenador o usan los recursos del ordenador para fines criminales, como hacer envíos masivos de correo no solicitado *(spam)*.

  No son virus clásicos porque no infectan otros programas o datos. Los troyanos no pueden penetrar a los equipos por sí mismos, sino se propagan por los criminales bajo enganche de algún *software* "deseable" que el usuario ha instalado en su equipo. Son capaces de causar mucho más daño que los virus clásicos.

- *Spyware. Software* que permite recolectar la información sobre un usuario/organización de forma no autorizada. Su presencia puede ser completamente invisible para el usuario.

  Asimismo, pueden recolectar los datos sobre las acciones del usuario mediante las pulsaciones del teclado, el contenido del disco duro, el *software* instalado…, lo que afecta a la calidad y velocidad de la conexión.

  Pero no es su única función. Son conocidos por lo menos dos programas (**Gator** y **eZula**) que permiten también controlar el equipo. El otro ejemplo de programas espías son los programas que instalan su código en el navegador de Internet para redireccionar el tráfico. Posiblemente haya visto cómo funcionan, cuando accede a una página web solicitada y se abre otra.

- *Scareware.* Del inglés *scare*, 'miedo'. Este *software* abarca varias clases de *software* malicioso con el fin de estafar mediante cargas de publicidad con limitados o ningún beneficio, con la intención de ser vendidos a los consumidores utilizando unas vías no éticas de comercialización. Utiliza la mal llamada ingeniería social para vender productos mediante la muestra de publicidad que pueda causar ansiedad o percepción de una amenaza o genere una necesidad dirigida hacia un usuario confiado. Algunas formas de *spyware* y de *adware* también usan las tácticas del *scareware*.

- *Phishing.* Es una variedad de programas espías que se propaga a través del correo electrónico. Mediante la introducción de los datos confidenciales del usuario en páginas web alteradas con parecidos razonables a las entidades suplantadas, preferentemente de carácter bancario. Los *emails phishing* están diseñados para parecer iguales que la correspondencia legal enviada por organizaciones bancarias. Tales *emails* contienen un enlace incrustado en el correo que redirecciona al usuario a una página falsa para solicitar introducir algunos datos confidenciales, como el número de la tarjeta de crédito, datos de acceso a banca *online*, etc.

- *Adware.* Muestran publicidad al usuario. La mayoría de programas *adware* son instalados mediante *software* distribuido gratis. La publicidad aparece en la interfaz. A veces pueden recolectar datos y enviar los datos personales del usuario.

- *Riskware.* No son programas maliciosos graves, pero contienen una amenaza potencial que hay que tener en cuenta, ya que en ciertas situaciones ponen sus datos en peligro. Incluyen programas de administración remota, marcadores, etc.

- **Bromas.** Este grupo incluye programas que no causan ningún daño directo a los equipos que infectan. No obstante, muestran advertencias falsas sobre supuestos daños ocurridos o por ocurrir. Pueden ser mensajes advirtiendo a los usuarios de que los discos se han formateado, que se ha encontrado un virus o se han detectado síntomas de infección. Las posibilidades de daño en el equipo son limitadas y dependen del sentido del humor del autor del virus.

- *Rootkits.* Es una colección de programas usados por un *hacker* para evitar ser detectado mientras busca obtener acceso no autorizado a un ordenador. Esto se logra de dos formas: remplazando archivos o librerías del sistema, instalando un módulo al núcleo (*kernel*). El *hacker* instalará el *rootkit* después, obteniendo un acceso similar al del usuario: por lo general, craqueando una contraseña o explotando una vulnerabilidad, lo que permite usar otras credenciales hasta conseguir el acceso de *root* o administrador.

- **Otros programas maliciosos.** Son una serie de programas que no afectan directamente a los ordenadores, pero que se usan para crear virus, troyanos o para realizar actividades ilegales como ataques DoS (denegación de permiso) con la intención de penetrar en otros ordenadores, etc.

- *Spam.* Los mensajes no solicitados de remitente desconocido enviados en cantidades masivas de carácter publicitario, político, de propaganda, solicitando ayuda, etc. Otra clase de *spam* son las propuestas relacionadas con operaciones ilegales de dinero o participación en algún supernegocio con muy baja inversión. También hay *emails* dedicados a los robos de contraseñas o números de tarjetas de crédito, cartas de cadena, etc. El *spam* genera una carga adicional a los servidores de correo y puede causar pérdidas de la información deseada.

6.1.1.3. Vulnerabilidades en programas y parches

Uno de los problemas no vinculados a virus son las vulnerabilidades de las aplicaciones. En ocasiones, hay un fallo en la aplicación que, manipulando convenientemente una petición a la aplicación, puede llegar a vulnerar no solo las funcionalidades de la aplicación atacada, sino que puede convertirse en una puerta trasera de acceso al equipo.

Al final, no se trata de un fallo en una aplicación, es un fallo de seguridad.

Para definir una vulnerabilidad, lo primero es necesario conocer a qué productos afecta. No solo eso, sino que dentro de un mismo programa puede afectar a una sola versión en concreto, a toda una rama o incluso a programas totalmente diferentes que compartan un mismo fallo por compartición de módulos de programación.

Pongamos un ejemplo, todas las distribuciones Linux comparten *software*, incluso el propio núcleo del sistema operativo. Una sola vulnerabilidad en el *kernel* y todas las distribuciones estarán expuestas a recibir ataques y culminar con éxito.

Dentro de un mismo programa, una vulnerabilidad se localiza habitualmente en un componente o módulo. Los programas suelen componerse de varios módulos que interactúan entre sí y algunos módulos pueden ser compartidos por otros programas. Una vulnerabilidad puede encontrarse en un módulo concreto del programa o bien utilizar una configuración concreta que genere una puerta trasera. Por ejemplo, puede existir una vulnerabilidad en el módulo de interpretación de ficheros en formato RTF, OTD o DOCX en Microsoft Word sin afectar al módulo que procesa otro tipo de ficheros. O en el módulo de procesado de ficheros MP3 en el programa de reproducción Winamp. Es posible que la vulnerabilidad no pueda ser aprovechada si este módulo no se encuentra activo. Por ejemplo, el módulo de procesamiento de JavaScript en documentos PDF no se encuentra activo por defecto en Adobe Reader.

Si, por el contrario, el fallo se encuentra en un componente intrínseco del programa, no existe posibilidad de deshabilitar componentes. Esto puede ocurrir por ejemplo si se encuentra un fallo en el explorador de Windows o en su propio núcleo. Desde luego, si un programa no se está ejecutando, no habrá posibilidad de comprobar su vulnerabilidad.

Las consecuencias técnicas de estos fallos suelen ser diferentes. Desde un desbordamiento de memoria hasta el consumo excesivo de memoria provocando la inoperatividad del equipo. Estas consecuencias suelen ser siempre producto de descuidos, y es lo que buscarán los cazadores de vulnerabilidades. Un ejemplo claro es que la falta de comprobación de caracteres en una aplicación web (causa) lleve a una posible inyección SQL (consecuencia). Otro ejemplo: una falta de comprobación de límites en una variable (causa) puede llevar a un desbordamiento de memoria intermedia (consecuencia). Un último ejemplo: un descuido a la hora de establecer los permisos de un servicio en Windows (causa) puede llevar a un salto de restricciones (consecuencia).

Normalmente, la causa de una vulnerabilidad es un fallo técnico de programación, una falta de comprobación que permite que se den circunstancias indeseadas en el código durante su ejecución.

El impacto es lo que puede conseguir un atacante que aprovechase la vulnerabilidad. Por ejemplo, si existe un desbordamiento de memoria intermedia, es posible que el atacante pueda conseguir ejecutar código. Si la consecuencia de la vulnerabilidad es que el programa comience a consumir recursos, es posible que el atacante pueda llegar a conseguir una denegación de servicio (hacer que el programa deje de responder). Si no se han comprobado bien los permisos del programa (causa), puede que se produzca un salto de restricciones (consecuencia) y que el atacante consiga elevar privilegios en el sistema (impacto).

El impacto define en gran medida la gravedad de la vulnerabilidad. La ejecución de código arbitrario supone la mayor gravedad, puesto que significa que el atacante podrá ejecutar cualquier programa en el sistema de su víctima. Por tanto, podría realizar cualquier acción. En estos casos, se dice que el sistema está comprometido, porque ha quedado en manos de un tercero.

Ante esta situación, ¿qué se debe hacer? Una vez que se detecta la vulnerabilidad, por ejemplo, en una aplicación informática, debe ser puesta en conocimiento de los desarrolladores del producto. Estos comprobarán la veracidad de la vulnerabilidad y procederán a revisarlo.

Los desarrolladores pueden realizar dos actuaciones: crear una nueva versión del producto que solvente el problema o crear un parche para eliminar la vulnerabilidad.

Un parche, en informática, es la realización de unos cambios producidos en un producto informático cuya intención es corregir errores, agregarle funcionalidad, actualizarlo, etc. Un parche puede ser aplicado tanto a un binario ejecutable como al código fuente de cualquier tipo de programa, incluso, un sistema operativo o una aplicación para dispositivos móviles.

6.1.1.4. Tipos de ficheros que pueden infectarse

Básicamente, todos los archivos ejecutables son susceptibles de ser atacados por un *software* malicioso.

Entre los archivos ejecutables tenemos los archivos con extensión .com y los archivos con extensión .exe. Los archivos .com son muy simples y pequeños y están diseñados para realizar tareas sencillas y rápidas. Los archivos .exe son más complejos, no tienen las limitaciones de los .com y permiten desarrollos más complejos. Prácticamente todas las aplicaciones informáticas son de extensión .exe.

Los virus **ExeVir** infectan archivos del tipo .exe (ejecutables), .drv (*drivers*), .dll (librerías), .bin (binarios), .sys (sistema) e incluso .bat (*scripts*). Este tipo de virus se añade al principio o al final del archivo. Estos se activan cada vez que el archivo infectado es ejecutado, ejecutando primero su código vírico y luego devuelve el control al programa infectado, pudiendo permanecer residente en la memoria durante mucho tiempo después de que haya sido activado.

Los virus macro son diseñados para aplicaciones específicas. Infectan las utilidades macro que acompañan ciertas aplicaciones como es Microsoft Word y Excel. Para que se activen, deben estar habilitadas las funciones macro en las aplicaciones. Este tipo de virus está escrito en Visual Basic y es muy fácil de crear. Las aplicaciones Office permiten la construcción y ejecución de *scripts* realizados en Visual Basic.

Los virus macro viajan entre archivos en las aplicaciones y pueden, eventualmente, infectar miles de archivos. Pueden infectar diferentes puntos o partes de un archivo en uso. Por ejemplo, cuando este se abre, se graba, se cierra o se borra. Lo primero que hacen es modificar la plantilla maestra (normal.dot) para ejecutar varias macros insertadas por el virus; así, en cada documento que abramos o creemos, se incluirán las macros víricas.

Los virus de arranque no infectan archivos en sí, sino que se ocultan en el primer sector de un disco y se cargan en la memoria antes de que los archivos del sistema operativo se carguen. Esta estrategia les permite tomar el control total de las interrupciones del DoS y, así, pueden diseminarse a su antojo sin que les detecte ningún antivirus y causar el daño para el que fueron creados.

Estos virus, generalmente, remplazan los contenidos del MBR o sector de arranque con su propio contenido y mueven el sector a otra área en el disco.

Una forma de propagación es mediante la infección de archivos VBS (Visual Basic Scripts) que, al ejecutarse en el Internet Explorer de Windows, infectará el navegador (Visual Basic Scripts solo puede ser ejecutado en navegadores Internet Explorer hasta la versión 11. Edge ya no lo soporta).

6.1.1.5. Medios de propagación

El lector, a estas alturas, ya habrá llegado a la conclusión de que hay dos maneras de contagiarse de un virus. En la primera, el usuario ejecuta o acepta de forma inconsciente la instalación del virus (oculto en un archivo). En la segunda, el *software* malicioso actúa replicándose o copiándose a través de las redes.

En cualquiera de los dos casos, el sistema operativo afectado e infectado comenzará a sufrir una serie de comportamientos anómalos o imprevistos, que serán tal que el usuario notará de la situación. Si el cambio de comportamiento por parte del sistema operativo es detectado a tiempo por el usuario, le podrá dar una pista del problema y proceder a la recuperación del sistema operativo.

Dicho esto. ¿Cuáles son los métodos de propagación más habituales? El método de propagación más común, a día de hoy, es mediante la utilización de medios sociales electrónicos como el correo electrónico, vídeos por redes sociales, publicidad engañosa, que ofrece premios en dinero o viajes, y mediante *software* de pago ofrecido "gratis".

- **Inserción de código:** esto sucede cuando agrega el código vírico al principio y/o al final de archivos ejecutables con la intención de que, al ejecutarse, entre en acción. De esta forma, permite que el virus ejecute tareas específicas y para las que fue diseñado, pero el programa infectado continúa realizando su función.

- **Reorientación:** introduce el código principal del virus en zonas físicas y no lógicas del disco portador, y las zonas físicas que utiliza son marcadas como defectuosas. En los archivos se insertan trozos pequeños de código que invocan al código principal siempre que se ejecuta el archivo infectado. De cara al antivirus, el virus no modifica el tamaño del archivo de forma perceptible, lo cual lo hace pasar desapercibido. El usuario puede eliminar la funcionalidad del virus rescribiendo los sectores marcados como defectuosos desde el sistema operativo.

- **Polimorfismo:** es el método más avanzado de contagio. La técnica consiste en insertar el código del virus en un archivo ejecutable, y, para evitar el aumento de tamaño del archivo infectado, compacta su código con el del archivo anfitrión hasta tal punto que quede del mismo tamaño que el del archivo original. Una variante permite encriptar dinámicamente para evitar ser detectada por los antivirus. Es difícil de detectar por su mimetismo.

6.1.1.6. Virus en correos, en programas y en documentos

El *software* malicioso busca cualquier resquicio para infectar al usuario, y a cualquier usuario para conseguir su objetivo: robo de credenciales, datos para su posterior venta, ordenador cautivo para realizar ataques a otros ordenadores (por ejemplo, denegación de servicio —DDoS—) y realizar un lanzamiento de correo masivo o *spam*, etc. Hay un gran negocio detrás de estas acciones delictivas.

Cualquier medio de propagación es bueno y, quizás, los más utilizados sean a través del correo electrónico mediante la ocultación de un archivo como adjunto que parece un documento de lectura, pero realmente encubre un archivo ejecutable infectado; un archivo comprimido con archivos ejecutables; un enlace, aparentemente, a una página de un banco, pero realmente se dirige a otra ubicación para robar las credenciales. Son bien conocidos el *phishing*, el *pharming* (explotación de una vulnerabilidad en el *software* de los servidores DNS —*Domain Name System*— o en el de los equipos de los propios usuarios —archivo HOSTS—) y, por supuesto, los virus ocultos en archivos ejecutables.

También se han mencionado los programas manipulados. Programas aparentemente inocentes, pero en los que se ocultan virus para realizar acciones como las mencionadas en el párrafo anterior. Para lanzar publicidad, etc.

Los documentos, archivos no ejecutables, pero que internamente pueden contener una macro en Visual Basic Script (archivos de Office) o archivos PDF que ejecutan JavaScript también constituyen un medio de propagación de virus.

Los visores de documentos debemos tenerlos configurados para que no ejecuten *scripts* como los mencionados anteriormente. Claro está, a no ser que confiemos en el documento y, sabiendo que tiene macro, confiemos en la macro.

6.1.2. Ocultación del *software* malicioso

El *software* malicioso, por su naturaleza delictiva, tiene como objetivo permanecer el mayor tiempo posible en un ordenador infectando sus archivos e intentando infectar a otros. Quien desarrolla este *software* tiene unos altos conocimientos de programación y del sistema operativo objetivo del ataque. Todos estos conocimientos le permiten distinguir las vulnerabilidades del sistema para el que se implementa el virus.

Si el virus está oculto en una página, intentará descargar, por ejemplo, un *script* Visual Basic Script, infectando un sistema operativo Windows.

A las técnicas de ocultación de *software* malicioso se las denomina Stealth. Hay varios grados de Stealth, dependiendo del nivel de conocimientos del desarrollador y las argucias que empleen para conseguir su objetivo. En un nivel básico, el desarrollador del *software*, en general, captura determinadas interrupciones del ordenador para ocultar la presencia de un virus: como mantener la fecha original del archivo, evitar que se muestren errores de escritura cuando el virus escribe en discos protegidos, restar el tamaño del virus de los archivos infectados cuando se hace listado bien a través del explorador de archivos, bien mediante comando con DIR, o modificar directamente la FAT, NTFS o cualquier sistema de archivos, etc.

6.1.2.1. Páginas web y correo electrónico

Existe el mito de que muchos sitios web pornográficos representan el mayor riesgo de propagación de virus informáticos o de cualquier otro *software* malicioso. Sin embargo, un informe de Symantec los desmiente.

Un dato curioso es que las amenazas más características de los sitios religiosos son los llamados antivirus falsos (*rogue software* en inglés) que aparecen, por ejemplo, en rótulos publicitarios.

Por otro lado, sitios que aparentemente son inocuos, como los blogs, son especialmente vulnerables, ya que uno de cada 67 alberga contenido malicioso o potencialmente dañino. Según un informe de Kaspersky, las redes sociales también son más peligrosas para la seguridad informática que las webs de contenido pornográfico. Y cuando se habla de redes sociales, incluimos foros, enlaces P2P, etc.

El caso de los correos electrónicos es, aparentemente, distinto. La forma de infección sigue siendo la misma: mediante archivos manipulados que contienen un agente infeccioso o un enlace que nos lleva a un sitio web manipulado con el fin de o bien que introduzcamos las credenciales del banco, por ejemplo, o bien descargar un archivo manipulado o un *software* malicioso.

En el momento en que se ejecuta un archivo ejecutable infectado o portador del virus, ya no estamos a salvo.

6.1.2.2. Memoria principal del ordenador

El lector ya sabrá que la memoria principal de un ordenador es volátil. Es decir, cuando se apaga el ordenador, todos los datos almacenados en dicha memoria desaparecen sin dejar rastro.

Sin embargo, si se ejecuta un archivo ejecutable portador de un virus, podrá infectar la RAM durante el tiempo que esté encendido el ordenador. También puede suceder que el código vírico esté preparado para quedarse residente en la memoria y así infectar, de forma rápida, multitud de archivos ejecutables del dispositivo de almacenamiento (disco duro).

Los efectos que puede generar un *software* malicioso residente pueden ser múltiples: lentitud en los procesos del equipo, funcionamiento errático, ventanas con publicidad, etc.

6.1.2.3. Sector de arranque

Los *software*s maliciosos por el sector de arranque son aquellos que modifican el sector de arranque (partición del DoS del dispositivo de almacenamiento: disco duro, *pendrive* o disquete). Su método de trabajo consiste en sustituir el sector de arranque original por una versión propia para arrancar el sistema. El motivo no es otro que se ejecuta en primer lugar la versión contaminada de arranque, con lo que consiguen cargarse en memoria y tomar el control del ordenador y el sistema operativo no se percata del cambio.

Este tipo de virus solo se reproduce una vez en cada disco lógico localizándose en zonas muy concretas. Como el tamaño de un sector es pequeño, el virus suele ocupar varios, marcándolos como defectuosos para camuflar su presencia.

6.1.2.4. Ficheros con macros

Ya se ha descrito lo que son los virus de macros. Su mecánica consiste en alterar o remplazar una macro —conjunto de comandos utilizados por los programas para realizar acciones habituales—. Por ejemplo, la acción **Abrir documento** en muchos programas de procesamiento de texto se basa en una macro para funcionar, debido a que existen distintos pasos en el proceso. Los virus de macro cambian este conjunto de comandos, lo cual les permite ejecutarse cada vez que se ejecuta la macro.

Estos virus suelen estar incrustados en documentos o, también, se insertan en forma de código malicioso en programas de procesamiento de texto. ¿Cómo se puede infectar? Pueden proceder de documentos adjuntos en mensajes de correo electrónico o el código puede ser descargado tras hacer clic en enlaces de suplantación de identidad (*phishing*) incluidos en *banners* publicitarios o URL manipuladas.

Son difíciles de detectar y solo funcionarán cuando se ejecuta una macro infectada; en ese momento, se ejecutará una serie de comandos. Este tipo de virus de macro es similar a un virus troyano, puede parecer un archivo inocente, de manera que el usuario no nota ningún cambio o efecto negativo en su equipo de manera inmediata. Sin embargo, a diferencia de los troyanos, los virus de macro pueden replicarse e infectar otros equipos.

Una vez que la macro infectada se ejecuta, infectará todos los demás documentos del equipo. Algunos de estos virus tienen algunas peculiaridades, como causar anomalías en documentos de texto (por ejemplo, eliminan o agregan palabras), otros acceden a las cuentas de correo electrónico y envían copias de archivos infectados a todos los contactos del usuario. Estos, a su vez, al ser un correo de confianza, abren y acceden a estos archivos afectando a su equipo.

Este tipo de virus puede ser aún más dañino, porque puede borrar o comprometer datos almacenados. Un dato importante es que los virus de macro son multiplataforma; es decir, pueden infectar equipos independientemente del sistema operativo que utilicen. ¿Por qué? Porque cualquier programa que utiliza macros puede albergar estos virus, y cualquier copia de un programa infectado también los tendrá.

6.1.2.5. Efectos y síntomas de la infección

Entre los posibles efectos y síntomas que puede tener nuestro equipo, podemos encontrar los siguientes:

- El ordenador, de repente, empieza a mostrar mensajes de todo tipo en el escritorio. Podría tratarse de un *software* espía o un falso antivirus o *ransomware*.

- El ordenador se ha vuelto lento. Existen múltiples motivos, pero el más plausible es un troyano que, al realizar tareas sobre el equipo, consume muchos recursos.

- Las aplicaciones, de repente, no arrancan. Es un indicio de infección, si bien podría ser un fallo en el sistema operativo.

- Hay un fallo de red, pero la interfaz funciona bien. No puedo navegar por Internet o navego muy lento. El *malware* podría estar haciendo peticiones de red masivas robando el ancho de banda.

- Si me conecto a Internet, se abren muchas ventanas o el navegador muestra páginas no solicitadas. Este es un signo inequívoco de infección, ya que algunas amenazas están destinadas a redirigir tráfico a ciertos sitios.

- Muchos archivos han cambiado de icono o extensión. Existen tipos de *malware* diseñados para borrar información o cifrarla para solicitar un pago de rescate por la misma.

- El antivirus ha desaparecido o no se activa, mi cortafuegos está desactivado. Algunas amenazas se diseñan para deshabilitar el sistema de seguridad instalado y provocar un ataque masivo o la instalación de gusanos u otro *software* malicioso.

- El equipo ha cambiado solo el idioma o la pantalla se ha cambiado de posición. Es posible que el equipo esté infectado.

- Las aplicaciones no funcionan e indican que faltan librerías. También puede ser un indicio de infección.

- El equipo realiza tareas que no se solicitan y/o no son conocidas. Es posible que exista una amenaza o bien que la infección esté "trabajando".

- El disco duro aparece con sectores en mal estado. Algunos virus usan sectores del disco para camuflarse, lo que hace que aparezcan como dañados o inoperativos.

- Aparición de anomalías en el teclado. Si al pulsar una tecla se replica varias veces, se ralentiza el eco de la tecla en la pantalla, etc., puede ser producido por la acción de un *software* malicioso.

6.1.3. Virus informáticos y sistemas operativos

Seguramente, el lector conocerá que los programas de virus informáticos afectan o pueden afectar prácticamente a todos los sistemas operativos. Sin embargo, hay sistemas operativos que tienen mayor incidencia de casos de virus que otros.

El sistema operativo que ha producido mayor incidencia de casos de *software* malicioso es, sin duda, Windows debido, entre otras causas, a:

- Su gran popularidad y divulgación como sistema operativo entre los ordenadores personales, PC. Hay una estimación de que alrededor de entre un 80 % y un 90 % de los ordenadores personales del mundo usan Windows. Esto es así por diversos motivos como la posición preminente de Microsoft, debida en los inicios a su estrategia ligada a los primeros PC y su convenio con IBM; y la búsqueda de la facilidad de uso mediante interfaces gráficas y visuales que no requieren grandes conocimientos de informática para trabajar con el sistema operativo. Sin embargo, esta facilidad de uso, sin conocimiento previo alguno, facilita la vulnerabilidad del sistema para el desarrollo de los virus, que pueden de esta manera atacar sus puntos débiles.

- Falta de seguridad en esta plataforma. Microsoft está dando, en los últimos años, mayor prioridad e importancia a la seguridad, tomando estrategias como: cortafuegos más restrictivos y un antivirus incluido en el sistema. Debemos tener en cuenta que el sistema de instalación de aplicaciones informáticas es muy permisivo, porque no hay una validación en origen de la aplicación que el usuario instala en el ordenador.

- *Software* como Internet Explorer (actualmente Edge) y su aplicación de correo, desarrollados por Microsoft e incluidos de forma predeterminada en las versiones de Windows, son conocidos por ser vulnerables a los virus, ya que estos aprovechan la ventaja de que dichos programas están fuertemente integrados en el sistema operativo dando acceso completo, y prácticamente sin restricciones, a los archivos del sistema. Sin embargo, en las últimas versiones han mejorado estos programas evitando, en lo posible, ataques; mediante información de bases de datos indicando si el sitio que se visita es susceptible de contener *software* malicioso y dejar a decisión del usuario proceder a ver la página o no.

- Debido a la facilidad de uso, el usuario considera que requiere poca formación, lo que conlleva que no se tomen medidas preventivas por parte de estos. Esta situación es aprovechada constantemente por los desarrolladores de *software* malicioso.

En otros sistemas operativos, como Mac OS X, GNU/Linux y otros basados en Unix, las incidencias y ataques son menores o casi inexistentes. Esto se debe principalmente a los siguientes aspectos::

- Los desarrolladores y usuarios de sistemas basados en Unix/BSD han considerado la seguridad como una prioridad en el desarrollo de estos sistemas operativos, por lo que hay mayores medidas frente a virus tales como la necesidad de autenticación por parte del usuario como administrador o *root* para poder instalar cualquier programa adicional al sistema, el cortafuegos integrado en el propio núcleo del sistema; en el caso de Linux, la instalación segura mediante repositorios de aplicaciones, etc.

- En la estructura de directorios o carpetas, los archivos vitales del sistema operativo cuentan con permisos especiales de acceso, por lo que **no** cualquier usuario o programa puede acceder fácilmente a ellos para modificarlos o borrarlos. Existe una jerarquía de permisos y accesos para los usuarios de forma sencilla. Esos permisos se basan en tres elementos: permisos de propietario, permisos al grupo que pertenece y permisos a todos los demás.

- A diferencia de los usuarios de Windows, el acceso del administrador (*root*) es muy restrictivo. Sin embargo, en Windows el primer usuario que se crea tiene privilegios de administrador. Unix limita el entorno de ejecución a un espacio o directorio reservado llamado comúnmente *home*.

- Estos sistemas, a diferencia de Windows, son utilizados para tareas de escritorio, así como para tareas más complejas como servidores. Razón por la cual los hace menos atractivos como objetivos a la hora de desarrollar virus o *software* malicioso para estos sistemas.

6.1.4. Actualizaciones críticas de sistemas operativos

Todos los sistemas operativos son objeto de estudio por parte de los desarrolladores de *software* malicioso. Y su análisis se centra en buscar vulnerabilidades en estos sistemas para observar cómo se comporta mediante un *software* cuyo código afecte al sistema y examinar el alcance del mismo. Si al final del proceso consiguen infectar el sistema y obtener los resultados esperados, ya tienen un *software* malicioso.

Una vez que el *software* malicioso está en circulación, los desarrolladores del sistema operativo objeto del ataque observan el comportamiento de este *software* para estudiar por dónde se cuela este *software* malicioso. Comienza el estudio de un parche o actualización crítica.

Una vez resuelto y tapada la vulnerabilidad, se procede a poner en circulación una actualización de seguridad para evitar que el *software* malicioso siga afectando a ese sistema operativo.

Los usuarios de cualquier sistema operativo deben tener al día todas las actualizaciones, porque de alguna actualización puede depender la entrada de algún *software* no deseado. Lo más aconsejable es utilizar la herramienta de actualizaciones automáticas para que se realicen las actualizaciones de forma desasistida sin intervención del usuario.

En sistemas operativos Windows, el encargado de las actualizaciones es WindowsUpdate. En Linux, en distribuciones Debian o basados en Debian, se realiza a través del instalador y su orden en comando es **apt-get update** y **apt-get upgrade** actualiza a la nueva versión respetando la configuración actual.

6.1.5. Precauciones para evitar infección

Podemos seguir unos sencillos consejos que nos proporciona el INCIBE (https://www.incibe.es/):

- **Internet:** cuando se descarguen archivos de Internet, comprobar que la fuente es legítima y de confianza. Asegurarse que el programa antivirus comprueba los archivos en el sitio de descarga. Si dudamos, hagamos lo posible por disponer de un antivirus que lo chequee como, por ejemplo, copiarlo a otro dispositivo (*pendrive*) y comprobarlo en un equipo que disponga de antivirus.

  Rechazar los archivos que no hemos solicitado cuando estemos en redes sociales, chats, grupos de noticias, etc. Y si lo hemos solicitado, realizar las acciones anteriores.

  Configurar el navegador que utilicemos con el nivel de seguridad adecuado. Configurar el cortafuegos o, si no disponemos de él, instalarlo. Los cortafuegos evitan bastantes infecciones por virus a través de Internet si se tienen determinados puertos cerrados.

  No compartir archivos a través de programas P2P ni los utilice porque son una fuente inagotable de virus, tanto por los puertos que nos obliga a dejar abiertos para transmitir la información, como por los ficheros descargados que pueden contener virus.

  Instalar antiespías para navegar por Internet, evitaremos publicidad no deseada y redirecciones a páginas web no invocadas.

- **Correo electrónico:** borrar totalmente (incluso de la papelera) los mensajes de correo electrónico encadenados o basura. Desde luego, no reenviar ni contestar a ninguno de ellos. Este tipo de mensajes de correo electrónico se denominan *spam*.

  Si un correo tiene archivos adjuntos en un correo:

  — No abra ninguno que proceda de una fuente desconocida, sospechosa o no fidedigna.

— No los abra a menos que sepa qué son, aun cuando parezcan proceder de alguien que conoce.

— No los abra si la línea del asunto es dudosa o inesperada. Si existe la necesidad de abrirlo, antes de hacerlo, guarde siempre el archivo en la unidad de disco duro.

— Ante la duda, no abrir.

— Si es de confianza el remitente, tengamos activado el antivirus. Procedamos a descargar el archivo antes de abrirlo y chequearlo con el antivirus.

Desactivar el formato HTML y la vista previa de su programa de correo. Ya existen virus que utilizan estos dos recursos para infectar un ordenador simplemente viendo un mensaje. No olvidemos que los archivos HTML pueden contener enlaces ocultos y *scripts* de JavaScript.

En caso de que reciba algún correo en el que se le pida que dé su nombre de usuario y contraseña —generalmente correos bancarios—, no los dé. Ninguna entidad le pedirá nunca por correo estos datos; los mensajes son falsos y se envían con la esperanza de obtener los datos personales del usuario y poder acceder, suplantando su personalidad, a su cuenta de correo, cuenta bancaria... Esta técnica forma parte del denominado *phishing* y actualmente está muy en boga.

• **Antivirus:** utilizar un buen antivirus y actualícelo regularmente. Comprobar que el antivirus incluye también soporte técnico, resolución urgente de nuevos virus y servicios de alerta. Asegúrese de que el antivirus está siempre activo.

Escanear completamente todos los dispositivos de almacenamiento masivo: discos, disquetes, unidades, directorios, archivos, etc.

Configurar el *software* antivirus para arrancar automáticamente en el inicio del equipo y ejecutarlo en cualquier momento a fin de obtener protección en cualquier momento. En caso de que su *software* antivirus lo permita, genere los discos de rescate.

Nunca tenga más de un antivirus instalado, puede llegar a tener muchos problemas con el ordenador en caso de que tenga instalados varios antivirus. Los antivirus pueden valorar como virus (falsos positivos) al otro antivirus. También ralentizará el equipo.

Si sospecha que puede estar infectado pero su antivirus no le detecta nada extraño, escanee su equipo con varios antivirus en línea. Muchas empresas antivirus disponen de un servicio *online* que escanea todo el equipo en busca de *software* malicioso.

- **Dispositivos de almacenamiento extraíbles:** analizar previamente cualquier medio susceptible de ser infectado que inserte en su equipo.

  Disponer de un disco de inicio del sistema limpio de virus. Algunos antivirus disponen de un servicio de Live CD Rescue que permite chequear el equipo sin montar las unidades. Así, tenemos la garantía de que no arranca ningún virus (por ejemplo, si hay alguno oculto en el arranque del sistema).

  Proteger los dispositivos extraíbles contra escritura es el mejor método de evitar la propagación de los virus de *boot* o arranque.

  Retirar los dispositivos extraíbles de los conectores al apagar o reiniciar su ordenador.

- **Sistema:** realizar copias de seguridad de los archivos periódicamente.

  No pasar por alto los signos de un funcionamiento anómalo del sistema, podrían ser síntomas de virus.

  Configurar el sistema para que muestre las extensiones de todos los archivos.

6.2. Definición de *software* antivirus

En informática los antivirus son aplicaciones y/o programas que buscan prevenir, detectar y eliminar virus informáticos y el resto de *software* malicioso. Cuando se crearon los antivirus, en sus inicios, estos programas buscaban la detección y eliminación de archivos ejecutables o documentos que fuesen potencialmente peligrosos para el sistema operativo. Sin embargo, en los últimos años, y debido a la gran expansión de Internet, el uso de los nuevos navegadores y de ingeniería social, los antivirus han evolucionado para detectar diversos tipos de *software* malicioso, también conocido como *malware*.

En definitiva, los antivirus son aplicaciones de *software* que han sido diseñadas como medida de protección y seguridad para resguardar los datos y el funcionamiento de sistemas informáticos caseros y empresariales de aquellas otras aplicaciones conocidas comúnmente como virus o *malware* que tienen el fin de alterar, perturbar o destruir el correcto desempeño de los ordenadores.

Un programa de protección de virus tiene un funcionamiento común que a menudo compara el código de cada archivo que revisa con una base de datos de códigos de virus ya conocidos y, de esta manera, puede determinar si se trata de un elemento perjudicial para el sistema. También puede reconocer un comportamiento o patrón de conducta típico de un virus. Los antivirus pueden registrar tanto los archivos que se encuentran dentro del sistema como aquellos que procuran ingresar o interactuar con el mismo.

6.3. Componentes activos de los antivirus

El autor quiere resaltar que, si no hay una buena configuración, el antivirus no podrá proporcionar las funcionalidades para las que fue diseñado. Aun así, los antivirus no nos pueden proporcionar protección permanente ante todo el *software* malicioso que hay por la red. La mejor cura es la prevención. Es más, si combinamos el antivirus con el cortafuegos, estaremos más protegidos.

Debido a las características del "enemigo" al que debe enfrentarse, la aplicación informática antivirus tendrá varios componentes que tendrán sus propias funcionalidades. Su comportamiento es como la actitud de un médico ante un paciente. Prevenir mediante una vacuna, detectar una posible infección y, si está infectado, eliminar la infección.

6.3.1. Vacuna

Las vacunas antivirus escanean cualquier dispositivo de almacenamiento masivo que esté conectado al ordenador en busca de virus concretos que pueda presentar el equipo. Cuando localizan el virus, tratan de eliminarlos o los ponen en cuarentena (los aparta a un directorio o carpeta) para que no den problemas. Se debe considerar que el término *vacuna* aplicado a los virus informáticos no es el mismo concepto que su homónimo de la medicina.

Las vacunas son productos más sencillos que los programas antivirus. Estos últimos, en el actual estado de evolución se han convertido en grandes y complejos programas, además de prevenir y eliminar los virus conocidos, presentan otras funcionalidades como cortafuegos y actuaciones contra los programas espía, *phishing*, troyanos o *rootkits*. La vacuna simplemente trata de eliminar los virus.

Los usuarios pueden necesitar estas vacunas por el modo de funcionamiento de los programas antivirus, cuya táctica o estrategia consiste en responder a las iniciativas de los creadores de virus, que crean variantes de sus programas maliciosos para ser más letales. De esta manera, siempre puede existir algún virus que burle los antivirus y se cuele dentro del sistema operativo del usuario.

6.3.2. Detector

La función de este componente es escanear todos los archivos, directorios o carpetas y unidades de almacenamiento masivo conectadas al equipo. Su mecánica de funcionamiento es realizar búsquedas de código viral, dentro de cada archivo, que se encuentre en forma de cadenas de texto de código ejecutable que el programa reconoce como tal realizando comparaciones con una lista de códigos virales o de definición.

Otro método de actuación es el llamado heurístico. La heurística es la capacidad que ostenta un sistema determinado para realizar de manera inmediata innovaciones positivas para sí mismo y sus propósitos. En el caso de los antivirus, primero se analizan todas las trazas sospechosas que encuentra en el análisis, pero sin ejecutarlas. Procede a descompilar y estudiar su comportamiento, las instrucciones, por si su actuación es peligrosa. Normalmente, si el antivirus informa sobre un peligro potencial de algún archivo, solicitará autorización del usuario para proceder a: borrar el archivo, moverlo al baúl de cuarentena o dejarlo como está.

6.3.3. Eliminador

Este componente es el encargado de, una vez detectado y neutralizado el *software* malicioso, eliminarlo y procede a reparar, siempre y cuando sea posible, el archivo infectado.

Sin embargo, no siempre será posible. En este caso, solo procede a neutralizarlo de tal manera que no genere más daño al sistema.

6.4. Características generales de los paquetes de software antivirus

Hablar de características generales de las aplicaciones informáticas antivirus es confuso, porque, si bien su nacimiento está claro, pues tenían un objetivo concreto para un problema claro: enfrentarse a los virus y eliminarlos, de un tiempo a esta parte, y gracias a Internet, se han tenido que reinventar constantemente. Las amenazas no son solo los virus, sino un sinfín de *software* malicioso que se ha especializado en la manera de sacar provecho de los ordenadores ajenos. Virus, espías, troyanos, gusanos y un largo etcétera es a lo que se tiene que enfrentar este tipo de *software*.

6.4.1. Protección *antispyware*

¿Qué es un *spyware*? El *spyware* o programa espía es un *malware* o *software* malicioso que recopila toda la información de un ordenador para después transmitirla al equipo que lo controla en una ubicación externa sin el conocimiento o el consentimiento del usuario del ordenador. El término *spyware* también se utiliza para referirse a otros productos que realizan diferentes funciones, como mostrar anuncios no solicitados a través de ventanas emergentes, redirigir solicitudes de páginas o instalar marcadores de teléfono de tarifación especial.

Normalmente, un programa *spyware* se instala (sin el conocimiento del usuario) en un equipo afectado de tal manera que, al iniciarse el sistema operativo, arranca colocándose residente en la memoria. Esto provocará que se ralentice cada vez que el equipo esté conectado.

El usuario notará que, si se desconecta de la red de datos (deshabilitando la interfaz de red), el ordenador funciona correctamente. Sin embargo, si habilita la interfaz de red, el equipo se vuelve más lento.

El *spyware* es difícil de detectar si el usuario ha instalado la aplicación. El antivirus considerará que la aplicación es legítima y no actuará contra ella.

En el caso de no instalarse por orden del usuario, el *antispyware* buscará y revisará entre su base de datos y, si está en la lista de *software* malicioso, procederá a eliminarlo del sistema.

> **Debes saber...**
>
> Debemos tener especial cuidado con los *antispyware* buenísimos y gratis. Pueden quitarnos un spyware, pero pueden poner otro.

6.4.2. Protección contra el *software* malicioso

La mejor manera de protegerse es tener una herramienta *antimalware* y actualizada. Este *software* estará siempre alerta ante cualquier intento de vulnerar el sistema en cualquiera de sus funcionalidades. El lector sabrá que, en ocasiones, aunque el usuario tome precauciones, su equipo recibirá ataques sin consentir la acción ni ser consciente de estos. Podrá tomar todas las medidas preventivas que conozca, pero, al no ser experto, acabará colándose un *software* malicioso.

Aun así, debemos utilizar herramientas extras como el escaneo de todos los dispositivos de almacenamiento masivo que estén conectados a nuestro equipo. En ocasiones, algunos programas de *software* malicioso consiguen saltar el programa antivirus que está residente. Podemos utilizar el escaneo *online* (a través del navegador) de todos nuestros dispositivos o bien utilizar un Live CD de rescate y antivirus.

Nuestro equipo podrá ser atacado a través de la red, Internet (navegación y/o correo electrónico), desde dispositivos de almacenamiento extraíbles infectados o desde la red de radiofrecuencia como *bluetooth*.

No obstante, la mejor protección es la prevención. Las medidas que el usuario puede tomar para poder evitar, no los ataques, sino las consecuencias de que los ataques tengan éxito debido a la ejecución de algún programa que contenga *software* malicioso.

6.4.3. Protección *firewall*

El *firewall* o cortafuegos es un elemento muy importante como medida de protección ante posibles ataques a través de la red. Con esta herramienta podemos cortar o restringir o bloquear tráfico de entrada y salida hacia o desde direcciones IP no deseadas. También podemos cortar o restringir tráfico a través de puertos sospechosos.

Por ejemplo, para evitar que nuestro equipo actúe como transmisor de correo no deseado podemos evitar que paquetes de información se realicen a través del puerto SMTP. Muchos servidores de correo habilitan otro puerto, 587, para recibir correo. Nosotros podemos indicar al programa cliente que utilice el puerto 587 para enviar correo en vez del 25 que es el habitual puerto de envío de correo.

Los cortafuegos pueden ser implementados tanto en *hardware* o *software*, o combinar ambos. Los cortafuegos se utilizan con frecuencia para evitar que los usuarios de Internet no autorizados tengan acceso a redes privadas conectadas a Internet, especialmente las de carácter de Intranet. Todos los mensajes que entren o salgan de una red (aunque esa red solo sea un ordenador) pasarán a través del cortafuegos, que examinará cada mensaje y bloqueará aquellos que no cumplan con los criterios de seguridad especificados: dirección, puerto, etc. También es frecuente conectar el cortafuegos a una tercera red, llamada zona desmilitarizada o DMZ, en la que se ubican servidores expuestos a Internet (por ejemplo, si nuestro equipo está en una organización), y que estos deban permanecer accesibles desde la red exterior.

Un cortafuegos correctamente configurado añade una protección necesaria a la red, pero que en ningún caso debe considerarse suficiente. La seguridad informática abarca más ámbitos y más niveles de trabajo y protección.

6.4.4. Protección contra vulnerabilidades

¿A qué denominamos vulnerabilidad? Las vulnerabilidades son fallos de seguridad en aplicaciones informáticas que pueden convertir el ordenador en presa fácil de diversos tipos de *software* malicioso y de los piratas informáticos.

También puede darse el caso de fallos en aplicaciones incluidas en el sistema operativo.

En definitiva, cualquier aplicación, sea del sistema operativo o de terceros, que se interrelacione con el sistema operativo es susceptible de albergar una vulnerabilidad a través de la cual nuestro equipo puede ser atacado con fines espurios.

Es decir, tenemos un protocolo de actuación en nuestro sistema operativo, pero y las aplicaciones informáticas, ¿son seguras? No lo sabemos ni podemos saberlo. En apartados anteriores se comentaron los virus de macro que solo se ejecutan en unas determinadas aplicaciones y durante un largo periodo de tiempo fueron un quebradero de cabeza.

¿Cómo nos podemos proteger? Algunos antivirus tienen una función de protección contra vulnerabilidades que ayuda a detectar y evitar intrusiones procedentes de la red Internet. Proporciona información acerca de la vulnerabilidad a ataques maliciosos de los programas que pueden estar instalados en el equipo. Además, proporciona información sobre los ataques conocidos.

6.4.5. Protección contra estafas

Un día vemos un mensaje en el correo indicando unas gangas en Internet de una marca conocida, y, muy amablemente, nos indican el enlace. Pulsamos sobre el enlace y, cierto, hay productos muy interesantes y asombrosamente baratos. Procedemos a realizar la compra utilizando nuestra tarjeta de compra.

Esto que se ha descrito puede pasarle a cualquier usuario. No ha tomado precauciones y, sin comprobar su procedencia, ha pulsado sobre el enlace y ha realizado la compra. Además, no ha comprobado si realmente la página a la que se ha dirigido es de la empresa que se anuncia en el correo. No ha comprobado tampoco si utiliza un protocolo seguro, HTTPS con certificado conocido y reconocido. En definitiva, seguro que acaba de ser estafado.

Lo mismo podría ocurrir con un mensaje supuestamente de tu banco que te pide las credenciales de acceso para comprobar que todo es correcto. Hemos picado.

Aparte de las precauciones que debemos tomar y que ya se han mencionado con anterioridad, sería buena idea configurar el antivirus para que detecte los mensajes fraudulentos o las páginas falsas.

A muchos antivirus, en su configuración, podemos indicarles que nos protejan de páginas fraudulentas, *phishing* o similares.

6.4.6. Actualizaciones automáticas

Anteriormente se ha hablado sobre las vulnerabilidades de aplicaciones informáticas, sean del sistema operativo o de terceros. Que estas pueden ser un punto de entrada de piratas informáticos o *hackers.* Que estas vulnerabilidades pueden ser explotadas por *software* convenientemente manipulado con la intención de atacar nuestro equipo.

Una manera de protegerse es mediante la activación de las actualizaciones automáticas. Dejamos que sea el propio sistema operativo, en un caso, o la aplicación informática quienes comprueben en sus servidores de referencia si se dispone de alguna actualización o no.

Muchas de las revisiones de *software* que se hacen son por problemas de seguridad. Una vez que el desarrollador de la aplicación detecta un agujero de seguridad, parcheará la aplicación y creará una actualización.

Si dejamos que sea el usuario quien ordene la comprobación de actualizaciones, puede darse el caso de olvidarse de escanear los servidores de la aplicación para observar si hay alguna actualización pendiente. Estamos expuestos y, si entra un *hacker,* ya no habrá actualización disponible. Normalmente, lo primero que hacen los *hackers* es impedir la actualización del *software* objeto de deseo. Si no nos percatamos de esa situación (la aplicación comprometida), tendremos el ordenador cautivo y estaremos dependiendo del capricho del *hacker* que nos ha atacado y conseguido el acceso sin límite a nuestro ordenador.

6.4.7. Copias de seguridad y optimización del rendimiento del ordenador

Hay dos elementos en los cuales debemos invertir tiempo: en realizar copias de seguridad manuales y automáticas y en optimizar el rendimiento del ordenador.

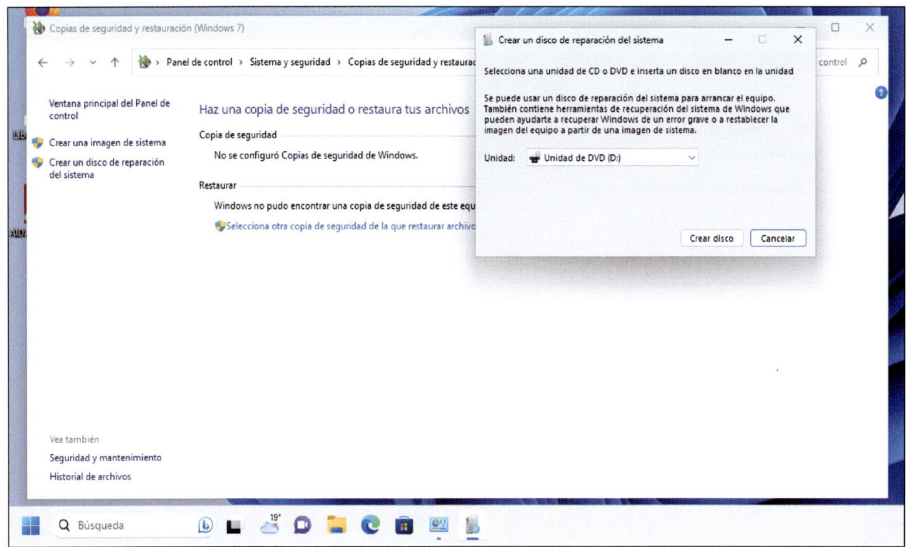

Fig. 6.2.

Existen múltiples herramientas de copias de seguridad: herramienta del sistema operativo, de terceros de pago y gratuitas.

Tomemos la figura 6.2. El lector observará la creación de una imagen del sistema de un sistema operativo Windows 11 (con una herramienta heredada de Windows 7). Se realiza con la herramienta propia del sistema operativo, la cual es lo suficientemente potente para aquello que fue diseñada.

Esta herramienta tiene la opción de crear una imagen del sistema con todos sus datos. Además, podemos programar copias de seguridad para que haga copias únicamente de datos. Es decir, comprobará las fechas y tamaños de los archivos y, si difieren, copiará el archivo más reciente.

Para llegar a la herramienta de copia de seguridad, haremos lo siguiente: **Panel de control** > **Sistema y seguridad** > **Copias de seguridad**.

Otra opción nada desdeñable es la creación de un disco de reparación del sistema. Es una herramienta que permite iniciar el sistema operativo desde un CD/DVD o desde un *pendrive*. Para ello, cuando iniciamos el ordenador, pulsamos F12 (depende de la placa base que usemos y su correspondiente BIOS o UEFI), seleccionamos el dispositivo desde donde queremos que arranque el sistema operativo y procedemos a realizar las tareas de recuperación. El disco de instalación también permite la recuperación del sistema.

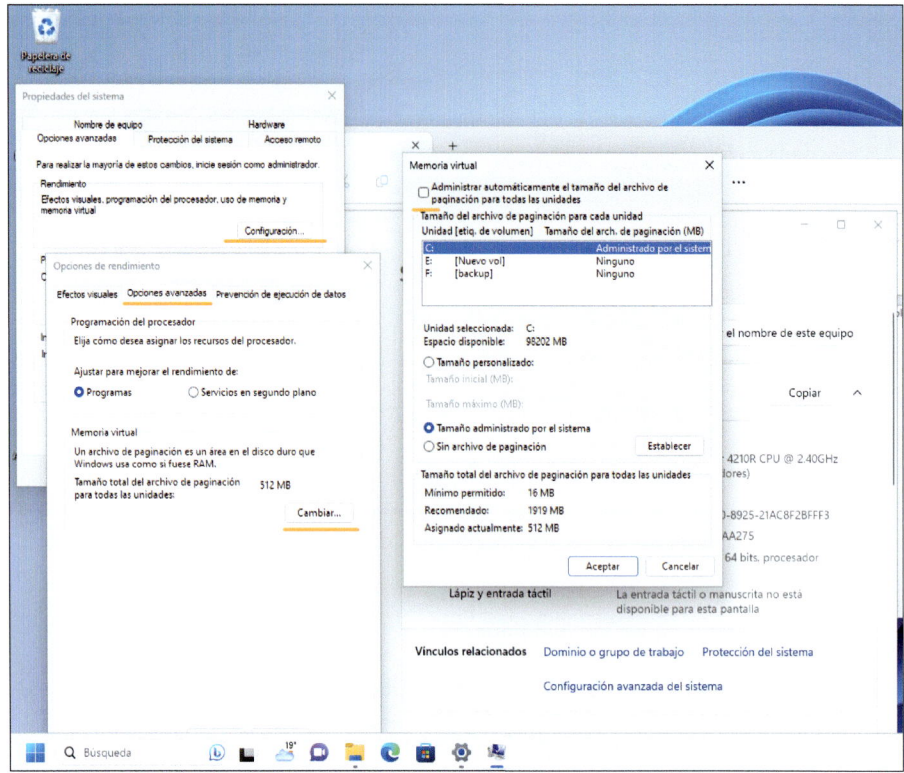

Fig. 6.3.

Para optimizar el rendimiento del equipo debemos, primero, observar el comportamiento del equipo en condiciones normales y cuando hay una alta actividad. Podremos comprobarlo con el **Administrador de tareas** en la pestaña **Rendimiento**. Para llegar a esta herramienta (Windows 11) accederemos: **Configuración, Sistema** y, finalmente, **Panel de control > Todos los elementos de Panel de control > Información y herramientas de rendimiento > Herramientas avanzadas > Abrir el administrador de tareas**. Todo esto podemos hacerlo pulsando simultáneamente <CTRL>+<MAY>+<ESC>.

Si observamos que consume muchos recursos, por ejemplo, del disco podemos acceder a la herramienta que se muestra en la figura 6.3. Pulsamos en la opción (imagen izquierda) de **Rendimiento**, en la imagen del medio usamos la pestaña **Opciones avanzadas** y, en la imagen de la derecha, configuramos. Una vez guardada la configuración, observamos su comportamiento. Si vemos que el sistema se ralentiza, procedemos a afinar más la configuración y así hasta que el equipo funcione correctamente.

Pongamos la configuración que pongamos, si el equipo se ralentiza mucho, deberemos pasar un antivirus.

6.5. Instalación de *software* antivirus

Una vez que tenemos decidido el antivirus que vamos a utilizar, el primer paso será la instalación. Debemos conocer bien las características de nuestro equipo, por un lado, y del sistema operativo, por otro.

En el presente libro tomaremos como referencia, para el aprendizaje, los antivirus Node32 y Kaspersky. ¿Son los mejores? El autor no puede asegurar que así sea. Si bien cualquiera de los que estén en el mercado y que tienen un prestigio que les avala el tiempo que llevan dedicándose a un tema tan problemático como es la seguridad en los equipos, nos resultará útil.

No obstante, los antivirus más conocidos y recomendados por el autor son:

- Eset Node32. https://www.eset.com/es/.
- Kaspersky. https://www.kaspersky.es/
- Panda. https://www.pandasecurity.com/es/
- AVG. https://www.avg.com/es-es/homepage#pc
- Avira. https://www.avira.com/es
- Norton antivirus. https://es.norton.com/
- Avast. https://www.avast.com
- TotalAV. https://www.totalav.com/.

6.5.1. Requisitos del sistema

Lo habitual es que los distribuidores y/o desarrolladores indiquen los requisitos o requerimientos tanto del ordenador como de los sistemas operativos que soporta.

Así, por ejemplo, TotalAV tiene, en la actualidad, como requisitos mínimos los siguientes:

TotalAV™ está disponible para Microsoft Windows 7 SP1 y posteriores. Asegúrese de que su ordenador tiene 2 GB de RAM y un mínimo de 1,5 GB de espacio libre en el disco duro.

Solo está disponible para sistemas: Windows, Mac OS, iOS y Android. Como podrá observar el lector, este antivirus no está diseñado para trabajar con sistemas operativos Linux.

En conclusión, dependerá del tipo de producto antivirus que escojamos y el tipo de equipo del que dispongamos para saber si es posible la instalación y uso del antivirus o no. Si no se puede instalar, debemos buscar una alternativa si existe.

6.5.2. Instalación, configuración y activación del *software*

El proceso de instalación es relativamente fácil. Debemos seguir los pasos que nos indica la aplicación.

Para indicar los pasos, tomaremos como ejemplo el antivirus de TotalAV. Tal como se muestra en la figura 6.4 que, una vez terminada la instalación, procederá a analizar el sistema. Realizará un escaneo y comprobará el peligro que puede existir en cada una de las aplicaciones instaladas.

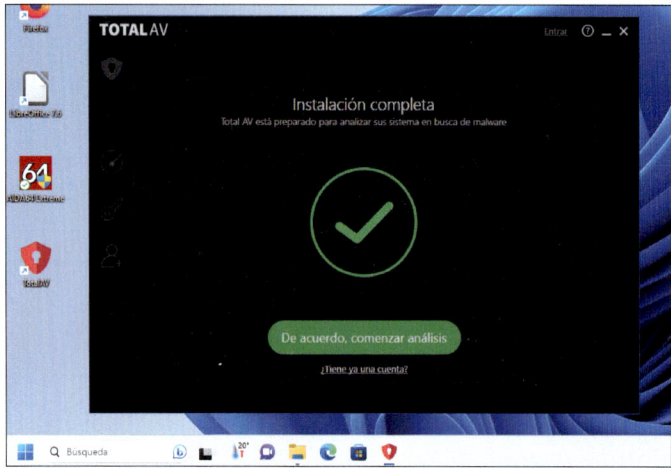

Fig. 6.4.

Al finalizar, nos pedirá la licencia para activar el antivirus. Podemos realizar una prueba de evaluación introduciendo una cuenta de correo electrónico.

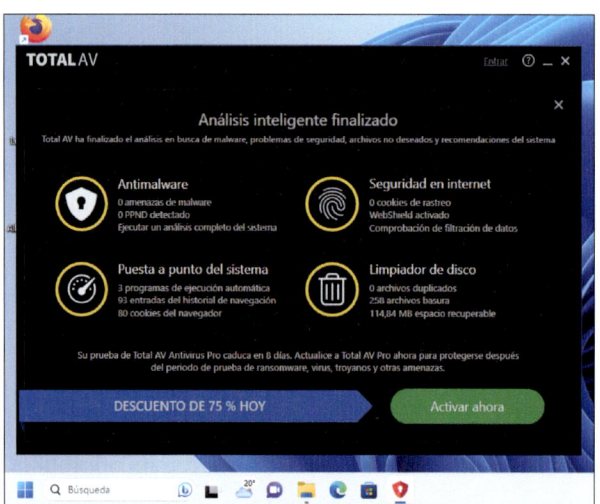

Fig. 6.5.

Fijándose en la figura 6.5 (se ha instalado una versión de prueba), podemos observar la primera configuración que nos ofrece el antivirus: *antimalware*, seguridad en Internet, puesta a punto del sistema y limpiador de disco.

6.5.3. Creación de discos de rescate

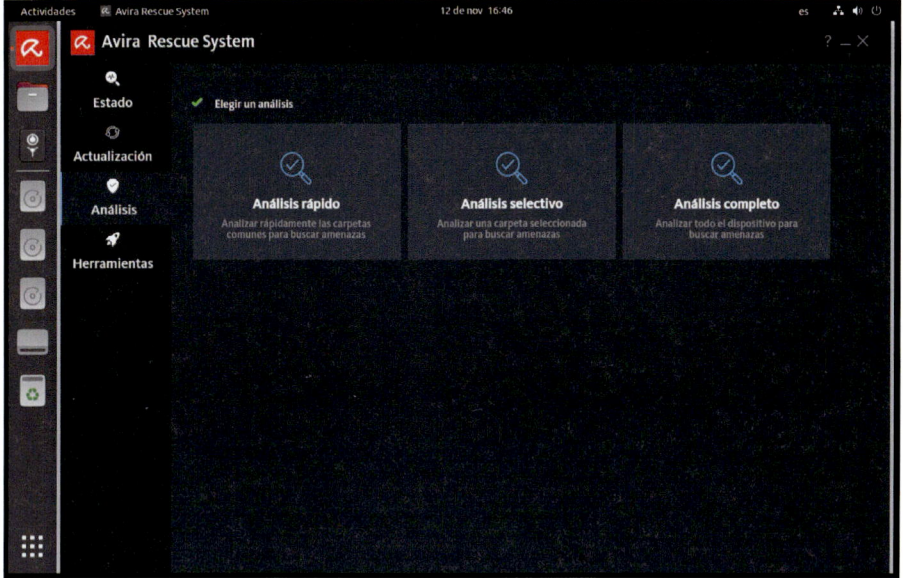

Fig. 6.6.

Muchas aplicaciones antivirus ofrecen la posibilidad de escanear los dispositivos de almacenamiento masivo de un equipo sin el sistema operativo soporte. ¿Cómo? Mediante un sistema operativo liviano que contiene, además del sistema operativo, las herramientas necesarias para detectar el *malware* que tengamos en nuestro equipo.

¿Cómo podremos crear el sistema operativo liviano? Deberemos comprobar que el proveedor ofrece el servicio y seguir los pasos que nos indique. En el caso del ejemplo que nos ocupa, dispone de un sitio web donde podremos descargar una imagen ISO que podremos grabar en un CD o DVD y/o en un *pendrive*. En el caso de Avira podemos descargar el Live CD desde la siguiente dirección: https://support.avira.com/hc/en-us/articles/360007776058-Creating-and-using-Avira-Rescue-System.

Una vez descargado, procedemos a quemarlo en un CD o en un *pendrive*. Cuando hayamos grabado el dispositivo, estará listo para poder iniciar el sistema operativo liviano.

El procedimiento es sencillo. Arrancamos el ordenador, pulsamos F12 o F2 (comprobar cuál corresponde con la BIOS o UEFI del ordenador), elegimos el dispositivo desde el que queremos que arranque el sistema operativo (el CD o el *pendrive*).

Arrancará un sistema operativo Linux y obtendremos un escritorio similar al de la figura 6.6. Seleccionamos la acción que queremos realizar. En el ejemplo se ha actualizado la base de datos y realizado un escaneo general. A partir de este punto, lo recomendable es revisar todos los dispositivos del equipo objeto de revisión.

Si todo ha ido bien, enhorabuena, parece que no está infectado.

6.5.4. Desinstalación

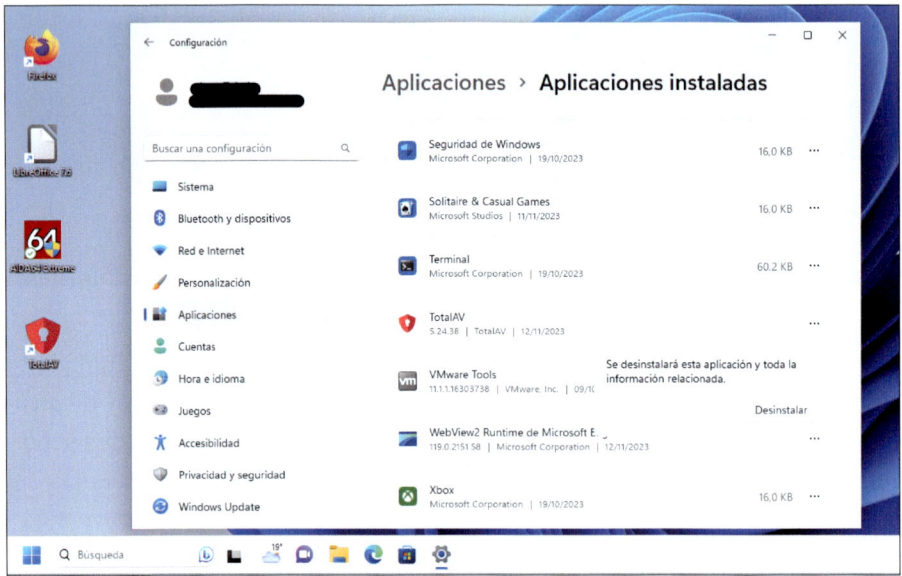

Fig. 6.7.

En el caso de nuestra aplicación ejemplo, TotalAV, la única forma de desinstalar la aplicación es mediante el acceso a **Configuración** > **Aplicaciones** > **Aplicaciones instaladas** y seleccionar la aplicación a desinstalar.

Una vez que seleccionamos la aplicación que deseamos desinstalar, nos aparecerá, en su parte superior, la opción de **Desinstalar** la aplicación.

En la figura 6.7, podemos observar la aplicación ejemplo que, una vez seleccionada, podremos desinstalar.

6.6. La ventana principal

La ventana o pantalla principal de la aplicación antivirus que utilizamos de ejemplo es la misma que aparece en la figura 6.4 del subepígrafe 6.5.2.

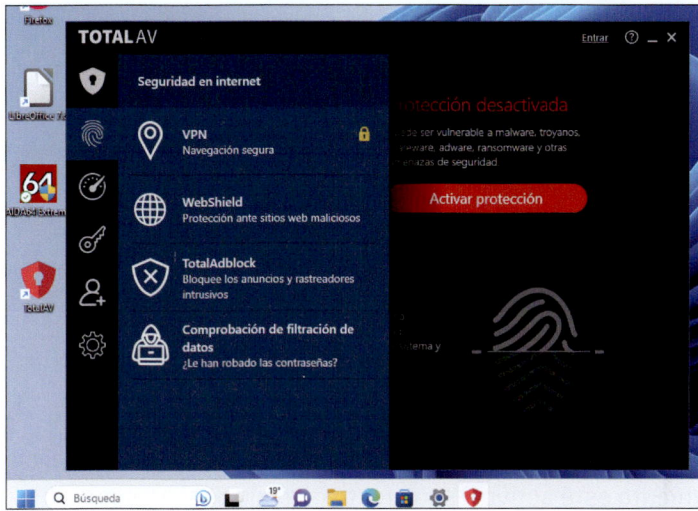

Fig. 6.8.

Eso sí, si accedemos a través del menú de inicio de Windows 11.

Si accedemos a través del icono, mediante botón derecho de ratón, accedemos al menú contextual.

En este menú, aunque disponemos de más opciones que en la pantalla principal, disponemos de las mismas que en la ventana principal. Son opciones más directas, sin accesos intermedios como en la ventana principal de la aplicación.

6.6.1. Estado de las protecciones. Activación y desactivación

El estado de las protecciones es la observación de la situación de cada uno de los módulos de protección que proporciona el antivirus.

Para llegar a modificar la configuración de una de las protecciones. deberemos en la aplicación informática antivirus que tomamos de ejemplo acceder a la configuración (parte izquierda de la figura 6.9) y, una vez que vemos los distintos módulos de protección, seleccionar el módulo cuya configuración queremos ajustar. Tomando como ejemplo la figura 6.9, el autor ha seleccionado el módulo de protección WebShield del equipo. El lector verá las opciones activadas y aquellas que no.

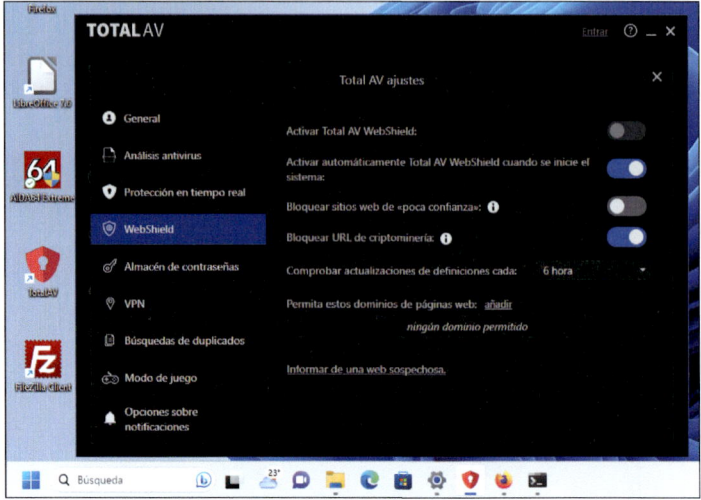

Fig. 6.9.

Por ejemplo, si se activa el módulo **Control de dispositivo** nos solicitará, para que el elemento esté activo y sea efectivo, reiniciar el equipo.

6.6.2. Tipos de análisis e informes

Los tipos de análisis de nuestra aplicación antivirus son muy sencillos: análisis rápido de archivos y análisis de sistema.

En cuanto a los análisis avanzados disponemos de análisis personalizado, análisis de medios extraíbles (cualquiera que no sea permanente en el equipo), etc.

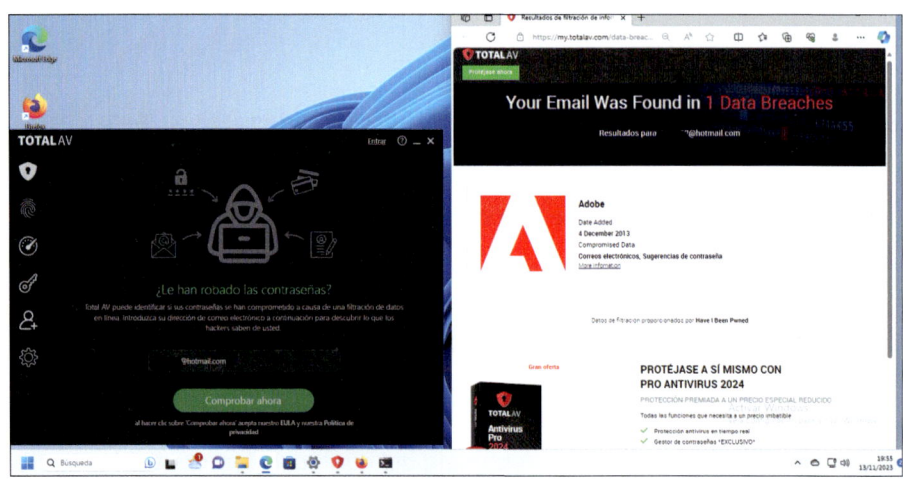

Fig. 6.10.

En la figura 6.10 se observa cómo realiza una búsqueda de contraseñas relacionadas con alguna cuenta de correo. En cualquier caso, se mostrarán las incidencias y, en el mejor de los casos, no aparecerá ninguna.

Debemos tener en cuenta que, aun estando protegidos de forma permanente y residente, en ocasiones, al copiar un archivo, no consigue detectar *software* malicioso, por lo que deberemos escanear todo el equipo cada cierto periodo de tiempo.

6.6.3. Actualización automática y manual

La mayoría de las aplicaciones tiene un sistema de actualización automática. ¿En qué consiste? La aplicación, cuando arranca, suele conectarse a su servidor de referencia para comprobar si el equipo de desarrollo de la aplicación ha colocado alguna actualización. Si es así, procederá a descargar la actualización e instalarla. En ocasiones, para que la actualización sea funcional, se deberá reiniciar el equipo.

No obstante, también es posible comprobar, manualmente, si existe alguna actualización y proceder a descargarla e instalarla en nuestro sistema. Y, al igual que para la actualización automática, es posible que nos solicite reiniciar el equipo.

6.6.3.1. Actualización de patrones de virus y/ o ficheros identificadores de malware

Este tipo de actualizaciones se realizan para mantener al día la base de datos de virus, patrones de comportamiento, etc. El lector ya sabrá que los virus, como si fueran propios de la naturaleza, mutan y evolucionan. Esta evolución les permitiría pasar desapercibidos a la aplicación antivirus. Si la aplicación no es consciente de esta mutación, esta herramienta dejará de ser efectiva y llegará a ser más una molestia que una ayuda.

Por esta razón, cuando hay novedades sobre un tipo de *malware* y el antivirus tiene el conocimiento y el antídoto, procede a comunicarlo a las bases de datos de las que se alimentan las aplicaciones antivirus.

En el caso del antivirus tomado como ejemplo. Se puede forzar la actualización, si la hubiera, a través del icono del control de herramientas activas. Se selecciona el icono que representa TotalAV, botón derecho del ratón y, en el menú contextual que aparece, seleccionar **Buscar actualizaciones**.

No obstante, todos los *antimalware* tienen opción de forzar la actualización de los "bichos" detectados con su vacuna.

6.6.4. Configuración de las protecciones. Activación y desactivación

Aunque no es una buena idea, podemos desactivar la protección del antivirus. En la figura 6.11 el lector puede observar cómo acceder al cuadro de diálogo donde podremos activar o desactivar la protección del antivirus, por ejemplo, en tiempo real.

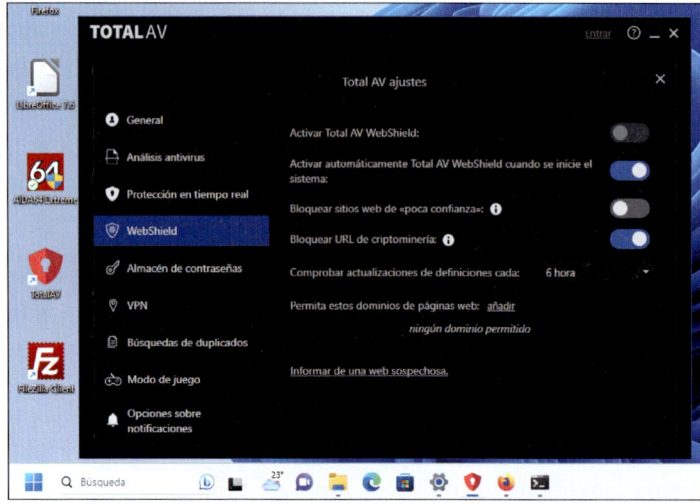

Fig. 6.11.

Una vez desactivado, en la figura 6.11 se puede observar, el antivirus avisa, en un color gris, de la desactivación del equipo en tiempo real.

En este caso, el proceso de activación es igual que el de desactivación. Pulsando sobre la opción que deseamos activar, volveremos a activar la protección elegida.

¿Para qué puede ser útil arriesgarnos a desproteger nuestro sistema? En ocasiones, una aplicación informática no se ejecuta de forma adecuada y una de las causas pueden ser los conflictos que pudieran existir entre la aplicación informática y el antivirus.

Una vez que hemos comprobado si es cierto que la aplicación informática que estamos comprobando tiene conflicto o no con el antivirus, es conveniente volver al estado de protección del equipo.

6.6.5. Análisis, eliminación de virus y recuperación de los datos

El procedimiento que utiliza la aplicación antivirus en un chequeo total de los dispositivos de almacenamiento masivo es el siguiente:

- Escanea todos los archivos.

- Evalúa si parte del contenido del archivo se encuentra en la base de datos identificando si es una infección, un virus o cualquier otro tipo de infección.

- Si está infectado procede a eliminar el archivo, limpiar el archivo de su parte infecciosa o moverlo a un "baúl".

Si hay un archivo infectado y no consigue limpiarlo, lo habitual será que pregunte al usuario qué hacer con dicho archivo. Se deja a criterio del usuario determinar la acción que el antivirus va a realizar.

6.6.6. Actualizaciones

El apartado Actualizaciones de los antivirus suele presentar una visión general sobre los distintos tipos de actualizaciones. Bien sea por una mejora o rectificación de la aplicación, bien por la actualización de la base de datos de *malware*. En cualquier caso, la aplicación lo indicará y se deberá tomar la decisión que el usuario considere oportuna que, a juicio del autor, será actualizar.

Si el lector se fija en la figura 6.11, subepígrafe 6.6.4, verá que hay una opción que permite actualizar el producto, aparte de la base de datos de firmas de virus.

6.6.7. Acceso a servicios

Los servicios constituyen un valor añadido que debe tener cualquier aplicación que se precie. Debe existir, como parte integrante de la aplicación, un modo de comunicación cliente/usuario con soporte técnico del proveedor-distribuidor de la aplicación instalada.

Un recurso que debe ser cuidadoso en el servicio, donde el usuario encontrará manuales y/o tutoriales sobre las bondades del producto y sobre el aprovechamiento de todas las funcionalidades del producto.

Tampoco debe olvidarse que el usuario debe tener la posibilidad de asistencia personalizada cuando tenga dudas a las que no encuentra resolución en la ayuda del producto en cualquiera de sus versiones.

6.6.7.1. Soporte

El lector puede obtener soporte a través de la página web del proveedor del producto o bien a través de la propia aplicación antivirus.

En el antivirus tomado de ejemplo, esa ayuda se puede obtener a través de la opción **Visite el centro de ayuda** que está ubicado en la opción **General**.

El lector debe saber que el soporte puede ser por obtención de información por diversos motivos o por resolución de algún problema que le pueda surgir al usuario del producto.

En cuanto al soporte como ayuda para la resolución de problemas, la aplicación tiene varias opciones: herramientas de soporte y servicio de atención de atención al cliente.

6.6.7.2. Obtención de información

La información que nos proporciona la aplicación antivirus es acerca de la propia aplicación y cómo gestionar las distintas opciones y funcionalidades de las que dispone.

Es importante invertir un poco el tiempo y entender, primero, cómo se comportan los distintos tipos de *software* malicioso y cómo, empleando esta herramienta, podemos atajar estos tediosos y molestos *malware*s.

6.6.7.3. Otras opciones

En el caso de la aplicación antivirus que utilizamos como ejemplo, tiene una opción, **Puesta a punto del sistema,** representada por un velocímetro, en la que encontramos otras utilidades que nos pueden ayudar a realizar tareas sin ¿peligro? El antivirus que se utiliza, TotalAV, dispone de herramientas como gestor de claves, protección de la red doméstica, sistema antirrobo, encriptación de datos y protección de pagos y banca *online*.

Prácticamente todas las aplicaciones antivirus disponen de este tipo de servicios. Recuerde el lector que todos los distribuidores de este tipo de productos tienen distintas variantes de antivirus: desde el gratuito (bastantes) hasta una protección integral con muchas herramientas. Todo dependerá de lo que necesitemos y/o de lo que estemos dispuestos a pagar.

ACTIVIDADES

6.1. Una aplicación informática se instala prácticamente igual que cualquier otra aplicación.

    a. Verdadero.

    b. Falso.

6.2. ¿Qué sucede si un equipo tiene instalados dos antivirus?

    a. Hacen más difícil que entre el *malware* en el equipo.

    b. Dejan de funcionar los dos.

    c. Se bloquea el ordenador.

    d. Uno de los antivirus considera que el otro es un virus generando un falso positivo.

6.3. Las aplicaciones antivirus solo eliminan virus y no el resto de *malware*.

    a. Verdadero.

    b. Falso.

6.4. ¿Cuál es el valor fundamental de un antivirus?

    a. El precio.

    b. Su prestigio de éxito.

    c. Su divulgación.

    d. Su codificación.

6.5. Un *software* malicioso es...

    a. Un programa desarrollado que viene incrustado en el código *malware*.

    b. Un programa que se instala en formato de broma.

    c. Un programa mal diseñado.

    d. Un programa mal compilado.

6.6. Un *malware* puede colapsar el sistema.

    a. Verdadero.

    b. Falso.

6.7. ¿Cuál de los siguientes no es *malware*?

a. Virus.

b. *Spyware.*

c. *Keylogger.*

d. *Adware.*

6.8. Un *malware* puede conseguir que el equipo quede cautivo.

a. Verdadero.

b. Falso.

6.9. Un gusano es…

a. Un programa que realiza copias sobre sí mismo.

b. Un programa que elimina los archivos de forma aleatoria.

c. Un programa que envía información a otro equipo.

d. Es igual que un virus.

6.10. Un caballo de Troya es…

a. Un juego.

b. Un gusano.

c. Un programa que deja abierto un puerto del equipo que permite que intrusos accedan al sistema.

d. No existe como tal en informática.

6.11. Un *phishing* se propaga a través de…

a. Correo electrónico.

b. Páginas web.

c. Chat.

d. Foros.

6.12. ¿Qué es DoS en seguridad?

a. Un sistema operativo.

b. Un *software* malicioso.

c. Un ataque por denegación de servicio.

d. Un ataque por fuerza bruta.

6.13. Un parche es…

a. Una mejora en una aplicación informática.

b. Una rectificación de código en una aplicación informática.

c. Un antivirus interno en una aplicación informática.

d. Ninguna de las respuestas anteriores es correcta.

6.14. ¿Qué archivos no pueden infectarse?

a. Los ejecutables.

b. Los archivos de Office.

c. Los archivos PDF.

d. Los archivos de texto plano.

6.15. ¿Qué medio de propagación no lo es?

a. Inserción de hexadecimal.

b. Inserción de código.

c. Reorientación.

d. Polimorfismo.

6.16. Si observamos un archivo adjunto en un correo, ¿qué es lo primero que debemos comprobar?

a. Debemos eliminar el correo, en cualquier caso.

b. Debemos comprobar el archivo.

c. Debemos comprobar el remitente.

d. Debemos leer el adjunto y comprobar de qué se trata.

6.17. Un programa antivirus actualizado, ¿puede detectar todo el *malware*?

a. Sí, en cualquier caso, salvo si es muy reciente.

b. Solo los virus.

c. Los archivos adjuntos de los correos no los detecta.

d. No detecta si se produce en el sector de arranque del equipo.

6.18. Un sitio web puede provocar una infección en el equipo.

a. Verdadero.

b. Falso.

6.19. Un programa *malware* puede quedar residente en la memoria RAM.

    a. Verdadero.

    b. Falso.

6.20. ¿Cuál de estas situaciones no la provoca un *software* malicioso?

    a. Mostrar mensajes de publicidad en el escritorio de forma aleatoria.

    b. Cuando se conecta a Internet se ralentiza.

    c. Un programa lanza un mensaje de error.

    d. El antivirus está desactivado.

PRÁCTICA

Por poner en contexto: un equipo está comprometido por un *malware* que no detecta el *antimalware* instalado. ¿Qué debe realizarse para comprobar la existencia y eliminación del *malware* sospecho si existiera?

Anexo I
Huellas digitales por *HASHING*

Mediante un ejemplo, podremos comprobar cómo funciona. Por ejemplo, se ha descargado un archivo que resulta ser una ISO (archivo comprimido listo para crear un CD o DVD).

La verificación de un archivo nos puede ahorrar muchos problemas, con especial relevancia aquellos que son archivos muy grandes como, por ejemplo, archivos ISO. ¿Por qué? Puede suceder que una parte del disco de instalación de Debian se corrompa durante la descarga porque ha habido un fallo en su descarga o haya sido alterado por terceros (ataque *hacking* y posterior cambio de archivo), lo cual provocará un posible fallo de la instalación bien al principio o bien el resultado final.

Existen habitualmente dos tipos de *hashes*: SHA1 y MD5. En principio da igual el que se use, normalmente el proveedor del archivo proporciona el *hash* para corroborar que todo es correcto.

```
usuario@libro:~/Descargas$ shasum debian-8.6.0-amd64-i386-netinst.iso
23dde0f195170d9fbe99547f9df75838acc95b5e  debian-8.6.0-amd64-i386-netinst.iso
usuario@libro:~/Descargas$
```

Figura Anexo I. 1

En la figura Anexo I.1, el lector observa la extracción del *hash* de una distribución Linux, Debian. Solo nos quedaría comprobar si el *hash* que nos proporciona el proveedor coincide con el extraído.

Si se está utilizando un sistema operativo Windows, debemos utilizar un *software* como la aplicación HashCheck (http://code.kliu.org/hashcheck/).

Anexo II
Comprobación de la activación de la aplicación antivirus

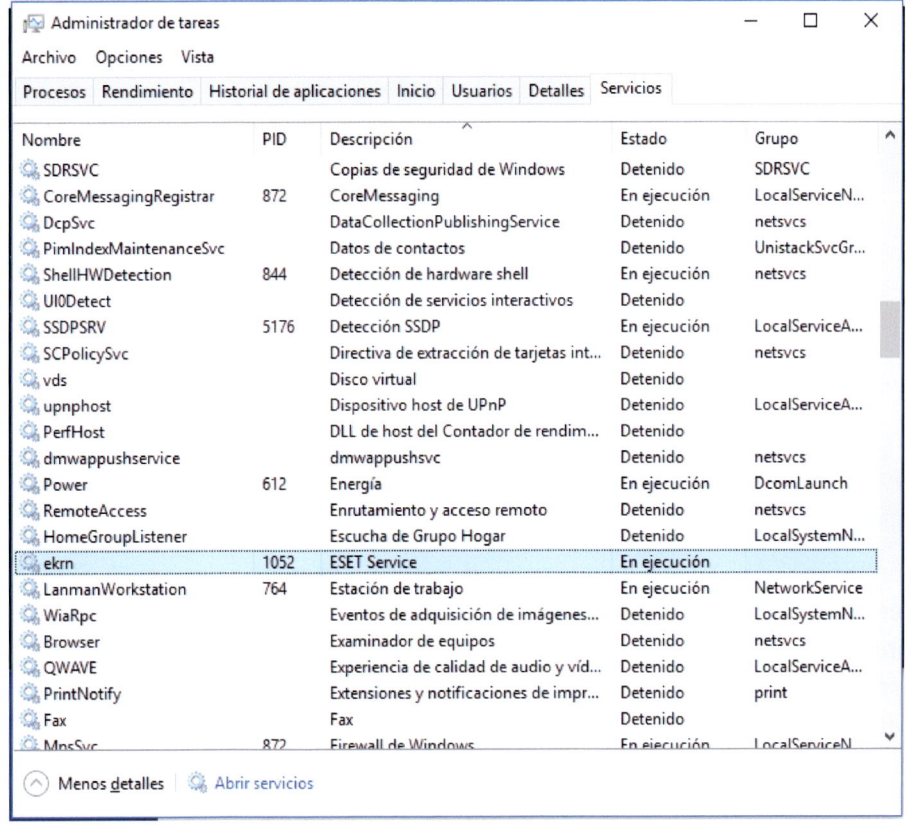

Fig. Anexo II. 1

Una manera de comprobar si un antivirus está activo es a través de los servicios. En Windows, para ver los servicios activos lo podemos ver pulsando <CTRL>+<MAY>+<ESC>.

Podemos comprobar, de forma fehaciente, si el servicio del antivirus está residente como servicio. En la figura ANEXO II.1, encontramos el antivirus que se utiliza como ejemplo, el servicio ESET y está activo.

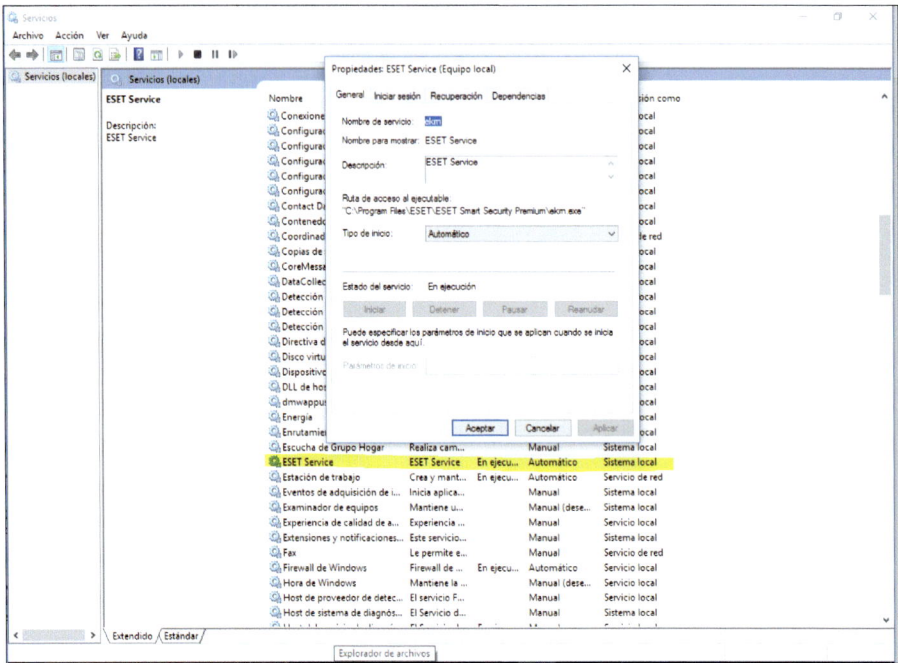

Fig. Anexo II. 2

Nos podemos encontrar que el servicio no está activo. Accederemos, desde el **Panel de control, Sistema y seguridad, Herramientas administrativas** y **Servicios**, comprobando el estado en el que se ha guardado el servicio.

En la figura ANEXO II.2, observamos el servicio y el modo en que está. Si está, en modo manual, podremos iniciarlo. El problema radica en que en el siguiente inicio no volverá a ejecutarse. ¿Cómo podemos cambiarlo? Accediendo a las propiedades del servicio, pulsando el botón derecho del ratón y seleccionando, del menú contextual, **Propiedades**. Podremos modificar sus características de inicio, tal como se aprecia en la figura ANEXOII.2.